鈴木将之

超高齢社会だから急成長する日本経済

2030年にGDP700兆円のニッポン

講談社+α《プラスアルファ》新書

はじめに――超高齢社会だからこそ経済が成長する背景

「高齢化が進むから成長なんかしない」って、本当なのだろうか？　しかし、ちょっと考えれば、「高齢化だからこそ成長できる」ということに気づくだろう。

しかし、「高齢者が増えると労働力が減るので、供給力が落ちる。その一方で、消費など需要も伸び悩む。需給両面から経済全体が縮小するなかでは、成長などない」という考えに陥りがちなのだ。

ここでは、「将来は、これまでとは異なる」ということを見逃している。新しい技術という変数を使えば、「新しい技術×高齢化＝経済成長」の式を解くことができる。高齢化こそ成長のきっかけになりうるのだ。

また、高齢者だから消費が激減するわけではない。むしろ、掘り起こされることを待っている潜在的な需要が多くある。高齢者マーケットの規模の大きさもあって、潜在需要が花開けば、大きな需要になることは目に見えるはずだ。

もちろん、高齢者向けビジネスの難しさもあるだろう。というのも高齢者は、それまでの長年の経験を踏まえた、百戦錬磨の消費者でもあるからだ。中途半端な商品やサービスなどでは、まったく歯が立たないのは当然だ。そのため、新しく高齢者マーケットを発掘するには、それなりの努力と知識が必要になる。商品やサービスの売り手側の力不足と、「高齢者ビジネスには成長の可能性などない」という話は別物だ。

創意工夫を凝らして、チャレンジできる人にとっては、高齢化は眼前に広がる「成長フロンティア」にちがいない。

もちろん、みんなが同じように成長できるわけではない。成長するための努力と知恵を持ち合わせることは、高齢者マーケットを「成長フロンティア」に転換する必要条件に過ぎない。つまり、「高齢化だから成長しない」のではなく、「高齢化に十分対応できていない」だけなのだ。

商品やサービスにとどまらず、街づくりなど社会インフラまでを含めた日本の社会デザインが、高齢社会に合致していない。つまり、日本には内なる「成長フロンティア」が残っている、ということなのだ。

また、高齢化は何も日本だけの問題ではない。欧州やアジアでも、同じように高齢化が進む。急速に高齢化が進むうえに社会保障制度など受け皿が十分とはいえないなど、むしろ、海外の高齢化のほうが深刻な問題だ。そこでは、いち早く高齢化に突入した日本の知恵が求められる。日本で培った商品やサービスなどを海外で販売できる。つまり、海外にも成長フロンティアが広がっている。

高齢化こそ、成長のヒントを、日本人に幅広くもたらしてくれるのだ。

高齢者の消費には、大きな潜在的パワーがある。ところが、社会全体が高齢化への対応を十分できていない。しかし、そうした課題を解決していくプロセス自体が、これまた成長を実現するのだ。

高齢者マーケットには、なぜ大きな潜在的パワーがあるのか。それらを列挙してみよう。

まず、その魅力の一つは、圧倒的な人口ボリュームの大きさだ。二〇三〇年には、おそらく日本は、「三人に一人」が高齢者という世界になる。高齢者の数は、二〇三〇年に三七〇〇万人に近づくと見られており、それは一五歳未満の三倍以上のボリュームを誇る。高齢者マーケットを素通りなどできるはずがない。

二つ目の魅力は、高齢者の多様性だ。人生の集大成というべき時期に差し掛かっていることもあって、所得や資産をはじめとして、健康状態、趣味など様々な性格を持っており、一《ひと》括《くく》りにできないほど様々なタイプの高齢者がいる。

しかも、これからの高齢者を、これまでと同じだと考えてはいけない。これからの高齢者は、かつて「いまどきの若者」と呼ばれ、新しい文化をつくってきた人たちであるからだ。

彼らはみなバブル経済を経験し、ボージョレーヌーボーを世界一早く成田空港で試すイベントに参加したり、バックパッカーとして世界を放浪したり、一点豪華主義で北欧の家具を買ったり、あるいは三つ星レストランを制覇した数を誇ってきた人たちだ。

それらの変化を踏まえれば、以下で見るように、①チャレンジ消費、②延長戦消費、③プレミアム消費、④高齢化消費、⑤新文化消費、⑥血縁共創消費、⑦地縁共創消費のように、消費のシチュエーションが広がっていき、高齢者の消費パワーが開花することになる。

一人の人であっても、複数のシチュエーションにおいて、多様な消費スタイルを引き出せるのだ。そこに、高齢者のボリュームが加わることで、それぞれのマーケットセグメントは拡大する。

最も重要なのは、そうした高齢者の消費パワーをきっかけにして、若者を含めた現役世代が成長できる可能性があること。高齢者が消費を増やすだけで、若者には何も得るものがない、などという安易な勘違いをしてはいけない。

消費される商品やサービスは誰がつくるのか。その対価としての所得は誰の懐《ふところ》に入るのか。その増えた所得を元手に消費するのは誰なのか。それらの答えは、主に、若者を含めた現役世代だ。

もちろん、高齢者も若者と一緒に働く機会が増えるので、高齢者の消費パワーは成長へのトリガーになることは事実だが、その後は、高齢者と若者世代の互いの労働と消費のサイクルによって成長していくステージに変化する。

このように、高齢者の消費パワーをうまく取り込んでいけば、若者を含めた現役世代が成長を実現できる。高齢化は成長の絶好の機会となるはずだ。


もう一つ重要な視点は、高齢化が技術進歩の大きなチャンスでもあること。たとえば、高齢化によって、人手不足が進むことが懸念されている。そうだからこそ、第四次産業革命のキーワードになっているAI（人工知能：Artificial Intelligence）やIoT（モノのインターネット：Internet of Things）、ロボット、自動運転など、多くの技術を生かせる絶好のチャンスである。人手が足りないのだから、リストラなども大きな問題にはなりにくく、むしろ課題解決のため、これらを積極的に導入しなければならない。

将来的には、人工知能が人間の能力を超えることによって、後戻りできないほど社会が変化する瞬間、「シンギュラリティ」（技術的特異点）が訪れるという見方もある。それほど技術は進歩するのだ。二〇三〇年にはそこまでいかなくとも、新しい技術によって、必要になる労働力は、これまでとは一変する。たとえば、力仕事や単純労働が減って、アイディア出しや事業戦略の立案などに従事できる時間が増える。

また、そうであれば、さらに働き方も大きく変わる。九時〜一七時をフルタイムで働く必要もなくなる。「働きたいけれども短時間がいいな」という高齢者だけではなく、子育てと仕事の両立など、現役世代にとっても都合がいいことだ。また、一日数時間の勤務で済むならば、一社だけで働くのではなく、複数の会社で働くようになるかもしれない。働き方は確実に変化する。

そうした変化自体が、新しいサービスなど需要を生み出し、成長につながる。そう、高齢化は、新しい技術を取り込んで活用していくうえでのチャンスになると考えられるのだ。

このように、高齢化を起点とした「成長フロンティア」は国内外に存在する。その「成長フロンティア」に背を向けるのか果敢に切り込むのか——それが成長の果実を手に入れる分かれ道だ。

日本銀行が二〇一七年三月に発表した二〇一六年一〇〜一二月の「資金循環統計（速報）」によると、家計が持つ金融資産は、二〇一六年一二月末時点で一八〇〇兆円と、過去最高を記録した。

また、二〇一五年一〇月に財務省が、日本銀行の「資金循環統計」や総務省の「全国消費実態調査」から推計した数字によると、二〇一四年の個人金融資産約一七〇〇兆円のうちの約六割、約一〇〇〇兆円を六〇歳以上の人たちが所有していた。先述のように、バブル経済を経験した新しい高齢者たちが、この巨大なマネーをすべて墓場まで持っていくとは到底考えられない――。

このような高齢化を起点にした成長によって、日本経済は二〇三〇年にかけて、どのくらい成長できるのだろうか。その可能性について、本書の内容を先取りして整理してみよう。

まず、長期予測の定番である供給サイドから見ると、二〇一六年の日本経済の実力である潜在成長率は、内閣府の推計によると、〇・八％だった（二〇一六年一〇～一二月期四半期別GDP速報二次速報値ベース）。もちろん、今後の高齢化や人口減少にともない、労働力が減る影響によって、潜在成長率にはマイナス〇・九％程度の下押し圧力がかかるとみられる。

その一方で、企業は研究開発投資を進めており、技術進歩などを含む生産性向上が約一％成長率を押し上げる。また、先述の研究開発投資を含む機械設備からなる資本投入が増えることが想定される。超高齢社会に対応する省力化投資や海外に打って出るための投資が欠かせないからだ。それらの投資によって、ロボットやAIのような新しい技術の活用が広がれば、高齢者の労働参加が増えるため、労働力の減少が緩和されることも想定される。それらの結果として、現在と同じくらいの潜在成長率を保てるだろう。

さらに、将来的にはデフレから脱却しており、消費税率引き上げなどもあって、物価上昇率が一％台まで上昇すれば、名目GDPに変換するときの物価指数であるGDPデフレーターが〇・五％以上になる。これらにより、名目GDP成長率は、一・三％程度は確保できる。この成長率を前提とすれば、二〇一六年に五三七兆円だった名目GDPは、二〇三〇年には六四〇兆円以上になる計算だ。

実際、経済産業省産業構造審議会の「新産業構造ビジョン中間整理」（二〇一六年四月二七日）では、現状ベースで成長していくと、二〇三〇年度の名目GDPは六二四兆円（二〇一五〜三〇年度の名目GDPの平均成長率一・四％）になると試算されている。

そこで、二〇一五年度の名目GDPが統計基準の改定で約三二兆円増えたことを踏まえると、二〇三〇年度の名目GDPは六五六兆円となり、先述の試算は、あながち外れたものではないといえるだろう。

一方で、本書で解説する「高齢者消費を起点とした若者を含む現役世代の成長」シナリオの効果を考慮に入れてみよう。これは、需要サイドからの長期的な経済成長を捉える試みである。

詳しい内容は本文に譲るとして、結果を先取りすると、消費や投資などの実質需要が二〇三〇年にかけて、三六・三兆〜六二・二兆円拡大すると試算している。それをインフレを加味した名目に変換すると、四一・七兆〜七一・五兆円となり、先述のベースラインである名目GDP（六四〇兆円超）に加えると、六八一・七兆〜七一一・五兆円となる。つまり、二〇三〇年に名目GDP七〇〇兆円の実現が視野に入ってくるのだ。

ちなみに、「新産業構造ビジョン中間整理」の第四次産業革命によって社会が大きく変わった変革シナリオでは、八四六兆円になると試算している（名目GDP成長率三・五％）。同じシナリオで統計基準の改定を踏まえれば、名目GDPは八七八兆円となる。

このように需給両面から考えてみると、高齢者消費をテコにして、さらなる成長が実現する可能性は十分にある。もちろん、成長シナリオに転じることの難しさはある。しかし、成長できないのではない。「超高齢社会だからこそ」成長できるのだ。

超高齢社会の様々な課題を解決していく。そこに新たな需要が生まれる。第四次産業革命など新しい技術も次々と登場して、企業を取り巻く外部環境は一変する。これまでの常識は通用しないため、発想の転換が不可欠だ。

そう考えると、二〇三〇年にかけての日本経済は、あながち悪いものではなく、成長の可能性が大いに秘められている。

目次◉超高齢社会だから急成長する日本経済

第四章　超高齢者が変える日本の風景

第一章

超巨大な高齢者マーケットの潜在力

「人口オーナス」とは何か

二〇一六年一一月一日現在、二七・三％――これは、六五歳以上の高齢者が総人口に占める割合だ（総務省「人口推計」）。すでに、四人に一人以上が高齢者という社会になっている。

しかも、これから、高齢者の数はますます増えていく。二〇三〇年にかけて、高齢化率（六五歳以上の高齢者が総人口に占める割合）は、三一・六％に達すると予測されている。つまり、約三人に一人が高齢者という世界が到来するのだ（国立社会保障・人口問題研究所「日本の将来推計人口（平成二四年一月推計）」）。

こうした高齢化する日本の姿を想像して、将来が悲観視されることが多い。確かに、人口が増えて平均年齢が若い時期には、「人口ボーナス」と呼ばれる成長を享受できる。そのロジックは、次のようなものだ。

――人口が増えると消費が拡大する半面、若者世代を中心に、労働力も豊富である。そのため、消費需要を賄う生産・供給能力がある。生産とともに所得が増えて、それを元手にさらに消費も増える。このような好循環が生まれる。

ところが、人口が減少して、高齢化が進む局面では、そのロジックは成り立たないという見方が支配的だ。その好循環の逆回転、すなわち、経済の成長が鈍化する「人口オーナス（負担）」が、懸念されるのだ。

しかし、ちょっと待ってほしい。確かに今後、人口は減るし高齢化も進むだろうが、高齢化とそれに適応した社会には、大きな可能性がある。実際、高齢者にも働く意欲はあるし、現実にすでに働いている人も少なくない。

そうであれば所得は確保されており、激減するわけではない。過去に比べて年金加入が進んでいることもあって、収入のバッファー（緩衝材）も厚くなっている。そして、より重要なのは、高齢者になったからといって消費が激減するわけではない、ということだ。

また、技術が進歩していることも大きい。生産プロセスでは、ますます人手が必要とされなくなっている。そうした現状と、これからのトレンドを踏まえれば、人口減少と高齢化によって消費が大きく減るとはいえない。つまり、人口ボーナスやオーナスのロジックは成り立たなくなるのだ。

むしろ高齢化にこそ、これからの成長のチャンスが秘められている。

ただし、これからも成長のチャンスがあることは事実だが、それを実現するのは必ずしも簡単ではない。それゆえ、「国内市場には成長の可能性がない、高齢化によって日本は衰退する、だから成長著しい海外に活路を求めるしかない」という言い訳が、まかり通ることになりやすい。

言い換えれば、これからの日本では、高齢化という課題を乗り越えた先に成長があるのだ。

それでは、なぜ高齢化によって成長できるのだろうか。そのヒントは、現在の日本社会が高齢化に対応できていないことにある。潜在的な需要に手が付けられていない。その需要を丹念に拾っていければ、日本企業は成長できるはずだ。

高齢者は、これまでの人生の集大成を迎える時期に差し掛かっていることもあって、手ごわい消費者であることは事実だ。ただし、そのニーズを上手に汲《く》み取っていけば、高齢者はしっかりと買ってくれる。

つまり、前例のない超高齢社会を超えた先にある、高齢化率三〇%超という「長寿社会」に踏み込む知恵が、若者を含めた現役世代に求められているのだ。

高齢者の「高齢者って誰だ？」

そもそも高齢者とは、いったい誰を指すのだろうか？　かつては四〇歳くらいの人を指して初老といっていた。いまの感覚ならば、「初老は六〇歳くらいかな……」というところだろう。

ここで重要なのは、六〇歳になっても本人たちは、高齢者ではなく「まだまだ若い」というくらいの感覚であること。実際、団塊《だんかい》の世代（一九四七～四九年生まれ）を対象にした調査によると、高齢者の年齢として、「七〇歳以上」と答えた割合は四二・八％、「七五歳以上」が二六・一％であり、「六五歳以上」はわずか一〇・三％に過ぎなかった（内閣府「団塊の世代の意識に関する調査」二〇一二年度）。

ここから分かることは、六五～七〇歳ぐらいの高齢者は自分自身のことを高齢者と意識していないということであり、ここに高齢者本人と周囲の人とのあいだに大きな「認識のギャップ」があることだ。

いまや人生は八〇年を優に超え、平均寿命は八四歳に達している。六五歳といえば、人生のゴールまで二〇年近くも残している。確かに二〇年もあれば、色々なことができる。

体力の衰えについてはどうか。「体には痛いところはあるし、若い頃のように全力で走れなくなった。それは高齢者になったからではない。かなり前から肩は凝っていたし、腰も痛かった。全力で走れないといっても、最近走ったのは、いつのことだったか」……このように、高齢者になったからではなく、以前からそうだったという声が多いのではないだろうか。

「別に自分のことを若いとは思わないけれども、高齢者なんかじゃない。高齢者って誰のことだろう」——これが高齢者の本音だろう。

高齢者とタッグを組んで成功へ

高齢者と周囲の人の「認識のギャップ」。これが、高齢者向けビジネスの足を引っ張っている。「高齢者用の製品・サービスです」と売り出しても、高齢者は自分たちを対象にしたものではないと思い、見向きもしない。売り手の現役世代から見れば、「高齢者用の製品・サービスを開発しても売れない、だからダメ」ということになる。その結果、「高齢者向けビジネスも市場も期待できない」という、安易な結論に陥りがちだ。

しかしそもそも、二〇一六年一一月一日現在、三四六三万人と、総人口の二七・三%を占める巨大マーケットを、ステレオタイプで一括りにできるはずがないのだ。

必要なのは、各高齢者を特徴ごとに重なりのあるセグメントで捉えて、きめ細かな対応をしていくこと。そうすれば、ニーズを部分的に確保できるようになる。部分といっても、高齢者マーケット全体のボリュームが大きいので、かなりのマーケット規模がある。

現役世代は高齢者になった経験がないから、そのニーズを的確に捉えて市場に切り込んでいくことが難しい。そうであれば、高齢者とタッグを組んで、ニーズをすくい取ればいい。

幸運なことに、タッグを組める高齢者は数多くいる。しかも、働く意欲も強いので、協力が得られる。事実、六〇歳以上の高齢者の七割は働きたいと思っている（内閣府「高齢者の日常生活に関する意識調査」二〇一四年度）。その調査によると、「働けるうちはいつまでも」が、なんと二八・九％まで達している。

こうした意欲を汲んで高齢者が働ける環境を整えていけば、その経験や知恵を活用して、難攻不落の高齢者マーケットを切り崩すことができるだろう。

高齢者中心のマーケティングに

高齢化はますます進み、二〇三〇年には高齢化率は三割を超える。それを悲観的に捉えて何もしないのか、それともチャンスがあると見るのか――それによって、成長できるかどうかが決まる。

幸運なことに、日本は高齢化のフロントランナーだ。その経験を生かして、先行者利益を確保できる可能性がある。欧州やアジアなど、高齢化が進む国が多いからだ。つまり、高齢化ビジネスモデルが海外に展開できるという意味においても、絶好の成長の機会が訪れるのだ。

リターンを得たければ、それなりのリスクをとることは当然のこと。高齢化という問題のなかで、知恵を絞り、創意工夫を重ねた先に、成長という恩恵が見えてくる。そうした厳しい環境でも成長できる人材や企業にとっては、絶好の機会といえる。

成長のヒントを探すうえでも、やはり、高齢者世代のボリュームが注目される。実際、二〇一六年一一月一日現在で、六五歳以上の人口の三四六三万人に対して、一五歳未満の年少人口は一五七六万人と、高齢者の半分にも満たない（総務省「人口推計」）。高齢者の人口は、年少者の二倍以上のボリュームを持ったのだ。

そして二〇三〇年には、六五歳以上人口が三六八五万人にまで増える一方、一五歳未満は一二〇四万人まで減る見込みだ（国立社会保障・人口問題研究所「日本の将来推計人口（平成二四年一月推計）」）。つまり二〇三〇年には、高齢者は年少者の三倍以上の人口規模、すなわち巨大マーケットになる。

そうであれば、若者マーケットだけに固執する理由はない。日本企業はそのターゲットを高齢者中心にシフトするのが当然のこととなる。

もちろんボリュームがあるといっても、元手となる購買力があるのかどうか疑問も浮かぶだろう。そこで、まず購買力という視点から、高齢者の姿を確認してみよう。

年金積立金がゼロになっても

高齢者が消費する際の元手で最も大きなものが、年金だ。高齢者世帯の収入の約七割を、公的年金・恩給が占めている（厚生労働省「国民生活基礎調査」二〇一五年）。しかも、公的年金・恩給を受給している高齢者世帯のうち、総所得に占める年金の割合が一〇〇％の世帯は全体の五五・〇％、八〇〜一〇〇％未満の世帯が一三・〇％となっており、大部分が収入を年金に依存している。

しかし、その年金には、過度に不信感が煽《あお》られてしまった過去がある。当時、年金制度自体の理解が広がらなかったためだ。そこで、年金制度の持続性において重要な収支について整理してみよう。

年金保険制度の二大収入は、保険料収入と積立金の運用収入である。人口の推移を前提にすれば、前者は名目賃金上昇率に、後者は名目運用利回りに左右される。その一方で、支出は保険金給付であり、これは物価上昇率に連動して変わる。

初めて受給する年金水準（新規裁定年金）は名目賃金上昇率、それ以降の年金（既裁定年金）は物価上昇率によって決まる。物価上昇率は、名目賃金上昇率と名目運用利回りの双方に影響するので、年金の収支においては、名目賃金上昇率と名目運用利回りの差（スプレッド＝実質的な運用利回り）が確保できるかが重要になる。

このスプレッドが一定程度（ケースによって〇・九〜一・七％。厚生労働省「平成二六年財政検証結果」）確保されることが重要なので、賃金上昇率や運用利回りを単体で語っても意味はない。単体で評価することは、たとえば、企業業績を評価するときに売上高だけを見るようなものだ。重要なのは、売上高とコストの差、すなわち収益を確保できるかにあるのと同じだ。

市場で運用を開始した二〇〇一年以降、一五年間における実質的な運用利回り（年率）は二・六％であり、財政計算上の前提（〇・二％）を上回ってきた（年金積立金管理運用独立行政法人「平成二七年度業務概況書」）。長期的に見ると、先述のように、必要になる運用利回りは〇・九〜一・七％と、過去一五年の運用実績並みで十分という計算になる。実際、年金財政の収入の大部分は年金保険料であり、現在よりもより多くの積立金を年金支払いに充てる約一〇〇年後でも、積立金の割合は約二割に過ぎない。言い換えれば、たとえ積立金がゼロになっても、年金給付額を二割程度カットすれば済む話なのだ。

もちろん、年金保険制度は底堅いとしても、年金水準が十分かどうかは別問題だ。しかしそもそも、年金保険料の支払いが少ないのだから、多く受け取れるわけがないのは当たり前だろう。

たとえば思考実験として、単純な積立制度を想定してみると、二〇歳から六〇歳までの四〇年間保険料を支払い、六〇歳から八〇歳までの二〇年のあいだ年金を受け取るならば、支払い期間が受け取り期間の二倍なので、支払い保険料の二倍が年金額となる計算だ。たとえば、月三〇万円の年金が欲しいのならば、月一五万円の年金保険料の支払いが必要になる。年金保険制度は最低限度の保障に過ぎず、それ以外については、何らかの手段によって自分で貯めておく必要がある。

年金に頼る高齢者への新サービス

それでは、高齢者はどのように生活資金を用意しているのだろうか。若い頃から自前で十分な生活資金を用意しているのかというと、実はそうではない。

内閣府の調査によると、日本では、老後の生活費に対する備えとして、「特に何もしていない」の回答割合（複数回答）が四二・七％と、圧倒的に多い（内閣府「平成二七年度　第八回高齢者の生活と意識に関する国際比較調査」）。それに対して、米国では二〇・九％、ドイツでは二六・一％、スウェーデンでは二五・四％と、海外の主要国では「特に何もしていない」のは少数派だ。

事実、海外では、公的な年金保険制度にのみ依存しておらず、別途生活の糧《かて》を用意している。米国では、個人年金（四二・六％）、債券・株式・投資信託（三三・二％）、ドイツでは不動産投資（二一・四％）、個人年金（一五・七％）、スウェーデンでは個人年金（五六・七％）、債券・株式・投資信託（四〇・五％）と、公的年金制度以外の投資活動を行っている。

それに対して、日本では、個人年金（一九・六％）、債券・株式・投資信託（七・一％）、不動産投資（五・〇％）と少ない。そのため、高齢者の月あたり収入を比べると、米国（二七・五万円）やドイツ（二四・七万円）、スウェーデン（三一・五万円）に比べて、日本は二一・七万円と少ない傾向がある。

この状態を踏まえると、二つのことが分かる。一つ目は、高齢期の生活のための資金を公的な年金保険制度に頼っており、高齢期の生活資金を確保するために現預金以外に特に何もしていないからこそ、働き続けるということ。もう一つは、資産形成に十分気配りしていないということは、そこに資産形成サービスなど、新たな、潜在的なサービス需要があるということだ。

人口と購買力を備えた高齢者市場

先述のとおり、六〇歳以上の人に「何歳ごろまで働きたいか」と尋ねた調査では、「働けるうちはいつまでも」が二八・九％と最も多い（内閣府「高齢者の日常生活に関する意識調査」二〇一四年度）。それに次いで、「六五歳くらいまで」と「七〇歳くらいまで」が一六・六％で並んでいる。その他もっと高齢まで働きたいという人々を含めると、全体の七割強が、働くことを望んでいる。

働く理由については、「生活費を得るため」（五五・四％、複数回答）、「生活費の不足を補うため」（三二・六％）、「将来に備えて蓄えを増やすため」（二九・六％）と、経済的な理由が多い（内閣府「団塊の世代の意識に関する調査」二〇一二年度）。

もちろん、それだけではなく、「健康維持のため」（三二・三％）や「生きがいがほしいため」（二一・五％）など、経済的以外の目的も多く挙げられている。

これらを踏まえると、働くためには、健康に気をつけなければならない一方で、働くことで体も頭も使うので、健康でいられるという一面もある。見方を変えると、「健康のために運動すると、給料がもらえる。生活の足しにもなり、外食にも行ける。貯めれば、旅行にも行けるし、孫と遊びに行くための軍資金も手に入る」となる。

このような高齢者が、これから確実に増えていく。つまり、人口という「ボリューム」だけではなく、それなりの購買力という「質」を備えた市場が成長していくのだ。この市場にいかに攻め込むかが、日本企業にとっての成長を左右することになる。

健康寿命とともに伸びる消費

いまどきの、自分のことを高齢者と思っていない人たちには、どのような特徴があるのだろうか——真っ先に挙げられるのは、アクティブという一面だ。

その前提条件である健康に注目してみよう。もちろん、高齢者がアクティブだといっても、若者と同じように元気なわけではない。六五歳以上の高齢者のうち四六・六%と、おおよそ半数の人が、何らかの体の不調があるという（厚生労働省「国民生活基礎調査」二〇一三年）。

ただし、必ずしも日常生活が送れないほどの不調とは限らない。同調査によると、日常生活に影響があるという回答割合は二五・八%だった。詳しく見ると、支障があることとして、日常生活動作（起床、衣服着脱、食事、入浴など）が一一・九%（複数回答）、外出が一一・八%と高く、それに次いで仕事・家事・学業が九・四%、運動（スポーツを含む）が八・三%となっている。

つまり、年を重ねてきたことで、「体に痛いところの一つや二つはあるけれど、日常生活に特に支障がない」という人がたくさんいる。実際、介護状況から見ると、六五〜七四歳のうち要支援は一・四%、要介護者は三・〇%である（厚生労働省「介護保険事業状況報告」二〇一二年度）。日常生活において、適度なサポートがあれば、十分アクティブな生活を送れる人が多いのだ。

健康であれば、遊びにも行くし、外食にも行く。そのための服や靴など身だしなみにも気を付けるし、遊びに行けばお土産の一つや二つも買って帰りたい。そうした消費が、塵《ちり》も積もれば山となり、高齢者のボリュームもあって、大きな消費となる。そうして、これからの日本経済を下支えするのだ。

クラブツーリズムの介護付き企画

二つ目としては、アクティブな消費のためのサポートで、消費需要も期待できること。それは、これまでのような介護ではない。アクティブな生活を送ることが主目的であり、それを実現するサポートなのである。

たとえば、食事補助などの介護ではなく、外食に行くサポート。その他には、レストランに行くまでの足となること。あるいは、体調などに合わせて適切な食事やレストランを薦めるサービスもある。

このとき、仮に途中で体調がすぐれなくなれば、健康状態を見てもらう……そうしたサポート需要に加えて、外食サービスにおいても消費需要が生まれる。

また、旅行に行くためのサポートもある。それに付随して、旅行需要が生まれてくる。すでに、旅行に介護福祉士や看護師などが同伴するサービスも登場している。

たとえば旅行会社のクラブツーリズムでは、介助やお手伝いなどをしながら一緒に旅行を楽しむトラベルサポーターを募集している。その一方で、車椅子で楽しむバリアフリーの旅などの商品を提案・販売している。

あるいはH．I．Sは、宿泊先や車両手配などワンストップで行えるユニバーサルツーリズムデスクを用意しており、介護旅行を提案している。こうした動きが、旅行などをはじめとして、あらゆる場面に広がるだろう。

それらのサービスを利用して外食や旅行に行ければ、QOL（生活の質：Quality Of Life）も向上する。二〇三〇年に向けては、自動運転が標準装備になっているので、移動の難易度は、かなり低下しているはずだ。実際、大手自動車メーカーは、二〇二〇年頃までには自動運転車を販売することを発表している。

また、ロボット技術も進歩しているため、介護サポートを含めて多くのサービスでロボットが活用されており、サポート役の負担も軽減し、生産性が向上する。ギネスにも認定された長崎県佐世保市の「変なホテル」では、ロボットがサービスを提供している。ソフトバンクは、法人向けに、商品紹介や受付ができるロボット（Pepper for Biz）のサービスを展開している。程度の差こそあれ、ロボットやAIなど、これからの技術を組み込んだサービスが、さらに普及することになるのだ。

もちろん、介護とホスピタリティの専門家がサポート役となれば、そのサービス料金は高くなる。しかし、家族が自動運転タクシーやサポートロボットなどをレンタルすれば、コストを抑えることもできるだろう。

そうしたアクティブな生活を送るためのサポートは、結果として、さらなる技術進歩を誘発しながら、消費の底上げに貢献して、企業の収益を高めることになる。

消費のついでに健康になる時代

もちろん、二〇三〇年に高齢者となったときの七〇歳代の健康状態は、現在と、かなりちがう。これまで寿命が伸びるにつれて、日常生活に制限のない期間である「健康寿命」も伸びてきたからだ。

たとえば、二〇〇一年から二〇一三年にかけて、男性の平均寿命は七八・一歳から八〇・二歳に伸びた一方で、健康寿命も六九・四歳から七一・二歳と長くなっている（内閣府「平成二八年版高齢社会白書」）。同時期の女性では、それぞれ八四・九歳から八六・六歳へ、七二・七歳から七四・二歳へと伸びている。

つまり、これまで平均寿命とともに、健康寿命も伸びてきたのだ。これからも、そのトレンドは続く。健康意識が高まっており、健康寿命はさらに伸びる。介護や医療の技術が着実に進歩していることも、そうした動きを後押しする。

また、高齢者の健康意識の高まりとともに、予防医療やセルフメディケーションなどの取り組みも活発化しつつある。実際、二〇一七年一月から、健康増進や予防への取り組みとして一部の医薬品購入費を所得控除できる「セルフメディケーション税制」(医療費控除の特例)が始まっている。

ドラッグストアなどでは、風邪が流行りそうになればマスクやうがい薬が売れるだけではなく、予防のため、除菌用の置き型薬剤や携帯型の除菌剤などがすでに普及している。また、製薬会社のテレビコマーシャルでも、セルフメディケーションは宣伝されており、そうした意識改革が進む。

電化製品では、細菌や花粉などを除去する空気清浄機の販売も増えている。こうした空気清浄機は、PM2・5(微小粒子状物質)などの対策として、日本だけではなく、中国などでも販売を伸ばしている。これからも、そうした身近なところから、幅広い視点の予防医療やセルフメディケーションが進む。そしてそれが、消費需要を拡大させるのだ。

また切実な問題として、「老老介護」のように、身近な体験から健康の重要性を深く認識していることもある。そうであれば、日頃から食事や運動などに気を付けるようになる。その結果、健康が増進されることになるだろう。

さらに二〇三〇年に向けては、健康寿命の長期化が重要なテーマになる。現在でさえ、一〇年程度健康ではない期間があるからだ。これまでも自治体レベルでの取り組み、たとえば長野県や静岡県のように、日常的な運動などを促すことによって、健康状態が大いに改善される例が報告されている。

ここで重要なことは、そうした健康面の取り組みを前面に押し出すのではなく、消費活動のついでに健康にもなるという、一石二鳥で消費需要を刺激することだ。たとえば医療ツーリズムは、「観光＋医療」という一石二鳥を目指すものであり、医療や予防などが主な目的ではない。そうした取り組みによって、潜在的な健康需要を取り込んでいくことができるだろう。

このように、健康でいることによって消費が増えるという一面と、健康でいたいがため予防のための消費をするという一面、また、消費するためにサポート役となる介護サービスなど健康面のサポートを受けるといった様々な側面から、健康と消費は深く関連している。つまり、それらを橋渡しするところに潜在的な消費需要があり、これからマーケットとして成長していく可能性があるのだ。

年金制度で底上げされる消費

高齢者というと、「悠々自適の年金生活」というイメージがあるのではないだろうか。ところが、現役時代に年金保険料をそれほど支払っていないので、受け取る年金の金額は限られているのが現実だ。期待は大きいけれども、年金は定年後の生活のバッファーに過ぎない——つまり、それまで蓄えてきた現預金か、別途用意していた民間企業の個人年金が欠かせないのである。

しかし現状は、バッファーである年金に依存しすぎている。高齢者世帯の平均総所得二九七・三万円のうち、公的年金・恩給は二〇〇・六万円と、全体の六七・五%を占めているほどだ（厚生労働省「国民生活基礎調査」二〇一五年）。

年金保険制度は、長生きリスク、すなわち、予想以上に長生きすることによって生じうる経済的なリスクへの備えであり、社会保険の形をとっている。この社会保険が、今後の高齢者の消費を考えるうえで重要だ。

年金保険料を納めれば、老後に年金を受け取れる。幸いなことに、かつての高齢者は任意加入であったものが、現在ではすべての人が年金に加入することになっている。つまり、年金という最低限の収入が確保されることになる。

また、自営業主や家族従業者は減っており、被雇用者が増えている。ということは、基礎年金に加えて、いわゆる「二階部分」も加わるので、年金受給額が増えることになる。

こうしたことを踏まえると、これからの高齢者のほうが年金をより多く受け取るようになる。つまり、購買力が安定的に下支えされ、消費が後押しされることになる。

忘れがちなことは、年金保険制度が充実することによって、子から親への仕送り（私的な負担）が減ることだ。国民皆年金ではなかった頃の高齢者は、どのように過ごしていたのだろうか。老後を支えるほどの十分な、現預金など、金融資産を保有していたのだろうか。

もちろん、平均寿命が現在よりも短かったことから、必要な老後資産は現在に比べて、少なかったかもしれない。しかし足りなくなった場合、同居する子ども世代が面倒を見なければならなかった。

そうなると子ども世代にとっては、社会保険料として負担するのか、それとも直接的に親の生活費を負担するのか（私的な負担）という相違に過ぎなくなる。私的で直接的な負担となると、社会保障制度の特徴である所得再分配機能が働かないという問題点がある。つまり、年金保険制度によって、所得再分配の恩恵を受けるのは、所得の低い層である。その所得層は、一般的に追加的な所得を、貯蓄ではなく消費に回す割合が多い傾向がある。

これを踏まえると、年金保険制度が発達してきたことによって、消費がより底上げされる傾向が強まっているといえる。

八〇歳以上の八割が生活に安心

年金保険料をそれほど支払っていないので、受け取れる年金もそう多くはない。年金保険制度に加入していなかったり、未納期間があることで満額受け取れなかったりするケースで、現預金などの金融資産を十分持っていない場合には困窮しかねない。

実際、二〇一四年の六五歳以上の生活保護受給者は九二万人と、二〇〇四年の五三万人から増えている（厚生労働省「被保護者調査年次調査」）。六五歳以上人口に占める生活保護受給者の割合は、同時期に二・一一％から二・八〇％に上昇している。平均が一・〇八％から一・六七％に上昇したことを踏まえると、高齢者に生活保護を受給する割合が高まっていることが分かる（内閣府「平成二八年版高齢社会白書」）。

そこで重要になるのが、金融資産だ。高齢者の金融資産の状況について確認しておこう。日本では、金融資産を「持っている人は、しっかり持っている」のが現状だ。もちろん、それまでの人生の総決算期であるため、金融資産の分布の裾野《すその》はかなり広くなっている。貯蓄残高を見ると、全世帯平均の一七九八万円に対して、六五歳以上平均は二四九九万円と、確かに多い（内閣府「平成二八年版高齢社会白書」）。貯畜の源泉は、若い頃からの現預金の蓄積と、親世代からの遺産の相続である。これは、いままでの高齢者に限った話ではなく、これからの世代も同じだ。

次に、高齢者の貯蓄の分布を確認してみよう。先述のとおり生活保護世帯が増えていることから分かるように、貯蓄一〇〇〇万円未満の世帯は六・一％を占めている。その一方で、二〇〇〇万～二五〇〇〇万円が八・四％、二五〇〇〇万～三〇〇〇〇万円が六・五％、三〇〇〇〇万～四〇〇〇〇万円が九・六％、四〇〇〇〇万円以上が一八・三％と、貯蓄が多い世帯も多い。この貯蓄額の分布を見ると、貯蓄途中の現役世代に比べて裾野が広いことが分かる。

この金融資産による購買力には、可能性がある。これからの高齢者では、年金というバッファーに加えて、金融資産が購買力の後押しとなるのだ。

実際、こうした状況を踏まえて、高齢者の七割は、暮らし向きに「心配はない」と答えている（内閣府「高齢者の経済生活に関する意識調査」二〇一一年度）。しかも注目されるのは、年齢階層別に見たとき、八〇歳以上で「心配はない」と答えた人が八割に達していることだ。一般的に思われがちな、高齢であればあるほど生活が厳しくなるというケースは、多数派ではないようだ。こうしたことを踏まえると、高齢者の資産によって消費が下支えされることは間違いないだろう。

病気と介護の不安が払拭できれば

もちろん、高齢者に貯蓄の目的を尋ねると、最も多い答えが「病気・介護への備え」であることが表すように、消費のネックは医療費だ。その心配を払拭《ふっしょく》できれば、金融資産を元手にして、さらに消費を加速させられる可能性が高い。

実は、ここに消費を加速させるヒントがある。病気や介護への不安が払拭できれば、消費が増える。事実、生命保険会社などは、介護や医療などをサポートする商品の提案・販売を強化している。それらのニーズが次第に大きくなっているからだ。

たとえば、お一人様で過ごしている人にとっては、資産を残す必要はなく、むしろ自分のために使いたい。その前提条件である病気を回避するためには、セルフメディケーションや予防医療などが求められる。重要なことは、予防医療が消費を加速させる前提条件の一つであるのと同時に、それ自体が消費であることだ。言い換えれば、予防という需要を引き出す一方で、健康で元気でいられれば、将来不安からの予備的な貯蓄をしなくて済むので、その分消費が増える。そうした二重の意味で、消費が後押しされることになるのだ。

しかも、この構図は何も高齢者だけにとどまらない。まず、現役世代の健康需要をこれまで以上に引き出す可能性がある。健康への需要は、病気になったときだけの突発的なものではなく、日常的な支出になる。つまり、一定の消費が常に存在することになるため、消費需要の底上げを意味するのだ。

もう一つは、このようなビジネスモデルを海外にも売り出せることだ。欧州やアジアでは日本と同じように高齢化が進む。日本の超高齢社会は世界のモデルケースである。そこで得た知見やノウハウなどは、海外ビジネスにも十分に応用可能だ。それを海外に売ることによって、日本企業は収益を拡大することができる。

海外で稼いだ日本企業の収益は、配当などとして最終的に家計に分配される。また、業績が好調であれば、株価の上昇などを通じて、キャピタルゲインが得られる。こうした所得によって、株式などの有価証券を相対的に多く保有する高齢者世帯への恩恵が大きくなる。これも、巡り巡って高齢者の購買力を高めて、結果として消費の底上げに貢献する。

平日日中の売上拡大と生産性向上

高齢化が進むことで、社会は確実に変わっていく。消費パターンも例外ではない。そこで重要なことは、消費が変わっていくのであって、激減していくのではないということだ。

特に、これからサービス消費が注目される。高齢者には比較的自由な時間が多いため、サービスを消費する時間を問わないからだ。この点が、サービス業にとっては、きわめて重要になる。まずは、この点について説明しておこう。

現役世代であれば、平日の日中は仕事に追われているので、その時間にサービスを消費できない。消費の主役が現役世代であった頃には、平日の日中、消費の機会は限られていた。

それを企業の立場から見れば、サービスの生産には時間的なムラがあった、といえる。これは、生産性を低下させる一因になってきた。なぜなら、サービスの生産と消費には、時間と空間が一致していなければならないという条件があったからだ。

たとえば、サービスを提供する人と、そのサービスを受ける人は、同じときに同じ場所にいないと成立しがたい。一方モノであれば、生産してから取っておくことができる。そのため、生産と時間や空間が一致していなくても、消費できる。

しかし、これから高齢化が進み、消費の主役が高齢者になることで、この構造が一変する。高齢者には比較的自由に使える時間が多くあるので、朝からゲームセンターやカラオケに行けるからだ。それだけではない。理容室や美容室から始まってスポーツジムまで、ありとあらゆるところで、すでに高齢者向けサービスが展開されている。

それは、単に高齢者を優遇するだけのものではない。高齢者に平日の日中にサービスを利用してもらうことによって、企業はサービス生産のムラを減らして、稼働率を高められる。それによって、生産性の低下を回避できるメリットがある。言い換えれば、平日日中の売上拡大と生産性向上の一石二鳥を狙えるのだ。

掘り起こされていない朝の消費

それでは、どのように高齢者は日中のサービスを利用するようになるのだろうか。また、どのようなサービスに成長の可能性があるのだろうか。

一日の時間の使い方に、そのヒントが隠されている。まず、世代別に時間の使い方を見ると、高齢者ほど自由時間が長いのはもちろんのこと、「個人的ケア」の時間が長くなっている（総務省「社会生活基本調査」二〇一一年）。

ここでいう「個人的ケア」とは、主に睡眠や入浴などの身体的ケア、食事といった生きていくうえで欠かせないもののことである。見方を変えると、それ自体に楽しみがある活動ともいえる。

そのなかで特徴的なのが、食事だ。たとえば、一五〜二四歳の男性の朝昼晩の食事の時間は平均一時間三一分であるのに対して、七五歳以上は二時間一七分もかけている。また女性でも同じように、一五〜二四歳が一時間三六分である一方で、七五歳以上は二時間一八分と、四二分も長い。

もちろん、時間的な余裕があるからこそ食事に時間をかけているという一面があるが、健康とも関係が深い食事の時間を大切に過ごしている、ともいえる。

しかも、二五〜三四歳の男性が朝食を摂る割合が六割、女性の場合は七割程度であるのに対し、高齢者は九割以上の人がしっかりと朝食を摂っている。ここから浮かび上がることは、高齢者への食事サービスには、かなり需要があるということだ。

朝食マーケットの拡大にも可能性がある。たとえば、ドトールコーヒーショップや珈琲所コメダ珈琲店などのチェーン店も、高齢者の顧客が多い。そして、いつも決まった時間に来店して、お決まりの自分の席に着き、いつものものを注文する。人によってトーストのカットが六つ切りだったり、八つ切りだったりするなど、お決まりの朝食を摂っている。店員もそれを把握して、サービスを提供している。

また、ファミレスでもモーニングサービスを実施するなど、高齢者の消費需要を取り込んでいる。コーヒーとトーストのセットが安価で販売されており、新聞朝刊のサービスもある。このように、コストパフォーマンスの高い、充実した朝を過ごしている高齢者は少なくない。

しかし、こうした動きも、まだまだ一部だ。多くの高齢者は街に繰り出していない。気の置けない友だちと健康のために早朝散歩をして、ファミレスかコーヒー店に行って朝食を摂って、それぞれの日々を過ごす……そんな消費需要は、まだ掘り起こされずに、残っているのだ。

高齢者のネット利用で生じること

高齢者の自由時間を見ると、テレビ・新聞・雑誌に費やしている時間が長い。これらは積極的に情報を収集しているという一面がある一方で、いわゆる「ながら行動」である可能性も高い。たとえば朝食を摂りながら、そのままテレビを何気なく観続けることなどが挙げられる。

それはそれでよいといえるのだが、いかにももったいない。たとえば、街に繰り出してサービスを消費するなど、消費需要が増える余地があるからだ。

また、高齢者世代でも、着実にインターネットの利用時間が増えていることが注目される。ネットを使っている割合は、若者世代に比べれば少ないものの、使っている人の平均時間は一週間のうち約二時間と、若者世代の二〜三時間と比べても遜色《そんしょく》ない（総務省「社会生活基本調査」二〇一一年）。

たとえば欲しい商品を探していたり、自分が求めるサービスを検索したりするならば、それらの行動が消費につながる可能性が高い。しかし単なるネットサーフィンならば、暇つぶしで終わってしまう。こうした情報収集の時間を、消費につなげていくことが重要だ。

それでは、高齢者はネットをどのように活用しているのだろうか。高齢者世帯のネットショッピングの利用割合を見ると、二〇〇五年には三・八％に過ぎなかったものが、二〇一五年には一三・六％へと、三・六倍にも増えている（総務省「家計消費状況調査」）。

しかも次に控える世代は、ビジネスやプライベートでもネットの世界で生きてきた人々だ。そのため、これからの高齢者は、ますますネットショッピングを利用するようになる。

パソコンだけではなく、スマートフォンも利用して、ネットショッピングの活動領域は、自宅から、電車やバス、その待ち時間など、街中へと広がっていく。

その一方で、企業も需要を取り込もうと必死だ。たとえばネットスーパーでは、ペットボトルの飲料など重いものが、配達に追加的な料金が必要になるものの、販売を伸ばしている。

そもそも「○○円以上買わないと、配送料が無料にならない」ため、購買金額は大きくなりがちだ。ペットボトルの水やお茶だけでは、配送料が無料になる金額にはなかなか達しない。そのため、追加的に余分なものまで購入するケースが多い。

もちろん、それでも高齢者にとってのメリットはある。賞味期限が長ければ、まとめ買いができるし、玄関先まで重い荷物を運んでくれるメリットが大きいからだ。

ここにサービスが成長するもう一つのヒントがある。しかも、これらのサービスは、何も高齢者だけをターゲットにしたものではない。あらゆる世代が利用してメリットがあるものである。そのため、サービス消費の裾野《すその》はさらに広がる。つまり、高齢者ニーズをテコにしてターゲットを広げ、企業として成長していく、という視点が欠かせないのだ。

高齢者が月に五万円増収すると

高齢者は、働く意欲は満々だ。そんな高齢者が、これからの社会を変えていく。そのきっかけは、高齢者が働きやすい仕組みを企業が整えることだ。

その仕組みは、高齢者だけでなく、多くの人にとって働きやすい環境をつくり出す。そのような働き方の変化が、これからの日本社会ではダイナミックに起きていく。そのときに、そうした動きをサポートしていく消費、そうした流れのなかで派生する消費などに、拡大のチャンスがある。

先述のように、団塊の世代は、そもそも自分のことを高齢者とみなしていないし、働きたい人が多い。内閣府の調査によると、六〇歳以上の人のうち、「働けるうちはいつまでも」という回答が二八・九％と最多だった（内閣府「高齢者の日常生活に関する意識調査」二〇一四年度）。

一方で、企業には、人手不足という切実な問題がある。二〇一二年以降、団塊の世代が本格的に労働市場から退出しはじめたタイミングで景気回復が進んだことが、人手不足の引き金だった。しかも、この状況は当面続く公算が高い。そうしたなかで、どのように人手を確保するのかが企業の課題になっており、働き方改革に取り組まなければならなくなる。

もちろん、高齢者を無理に働かせるのではなくて、働きたい人が働けるような環境を整えておくことが必要だ。このように、高齢者の働き方という視点から、いくつかの重要なポイントが浮かび上がる。その点について、以下に整理しておこう。

まず、一つ目のポイントは、働くことによって収入が増えて、高齢者の消費が増えるということだ。

高齢者世帯の平均総所得二九七・三万円のうち、年金・恩給が二〇〇・六万円と全体の七割弱を占めている。その一方で、働いて得た所得は六〇・二万円と、約二割に過ぎない（厚生労働省「国民生活基礎調査」二〇一五年）。この六〇・二万円の勤労所得を増やすことができれば、消費に回せる所得も増える計算だ。

六五～七四歳の人は約一七〇〇万人いる。仮に、平均して月に五万円収入が増えれば、年間一〇・二兆円も所得が増える計算だ。もちろん、全員が働くわけでもないし、五万円よりも多く稼ぐ人もいれば、少ない人もいる。しかし、その人口ボリュームが大きいこともあって、所得額の押し上げ効果は大きなものになるに違いない。

それが消費に回ることで、消費が底上げされる。ここで増えた所得は、消費に回る可能性が高い。まず、生活費が必ずしも十分ではない場合には、これまで不足していた生活費に充てられるため、消費に結び付きやすい。また、稼いだお金ということで、自分への「ご褒美《ほうび》消費」になりやすい。たとえば、週末の外食や仲間との飲み会、孫や子との食事や遊びなどに向けられやすい。

家事サービス業の拡大で

もちろん、高齢期には痛いところの一つや二つはあるので、若者世代と同じように働くことは難しい。そもそも、若者世代のような働き方をするつもりもないだろう。

たとえば、「週五日で働きたくはないけれど、週休三日か四日なら働ける」というケースがある。または、「一日七～八時間労働ではなく、一日四時間労働ならOKだ」など、短時間ならば働けるというケースもある。実際、内閣府の調査によると、六〇歳以降で希望する就労形態として、パートタイム（短時間勤務など）の社員・職員という回答割合が、五三・九％と最も多い（「高齢期に向けた『備え』に関する意識調査」二〇一三年度）。

こうしたことを踏まえると、何かしらのサポート体制があれば高齢者でも十分に働けるということができる。見方を変えれば、サポートするような商品やサービスなどに追加的な消費が生まれることになる。

たとえば、働くためには健康に気を付けなければならない。そのため、健康食品などを積極的に摂るようになるだろう。そこに、これまでにはなかった追加的な消費が生まれる。その他、健康のため、運動にも積極的になる。ジムに通うかもしれないし、ウォーキングなどから始めるかもしれない。そうであれば、そのための靴や服などを購入するようになる。

さらに追加的に消費が増える分野として、家事サービスがある。働きに出れば、これまで以上に家事にかける時間が惜しくなったり、家事が面倒になったりするからだ。幸いにして、家事サービスを利用する元手は、働くことによって稼いでいるので、たとえば「毎日は無理でも、月一回ならば」と利用できるようになる。

こうして家事サービスのマーケットが、さらに拡大する。「こうした家事サービス業で働く人の所得は低い」などと考えるのは早計だ。プロフェッショナルな家事サービスを求めるならば、当然、それなりの対価を支払わなければならなくなる。つまり、プロフェッショナルな家事サービス業で働く人の所得は、それなりに高くなるのだ。

高齢化が進むなかで、量よりも質を求める傾向が強まっている。たとえば、「肉を食べたいけれども量はそれほどいらない。より質のよい肉を食べたい」——そうした需要は、これからさらに大きくなる。そうであれば、価格の安さより質の高さ、言い換えれば、より価値の高いものが求められるようになる。

高齢者の年金は若者のメリットに

次に、二つ目のポイントとして、追加的な消費が、回りまわって、若年世代の消費の後押しをするという点も重要だ。

高齢者世代が働きはじめると、その消費は増える。それに対する生産活動の主役は、もちろん若者だ。若者の仕事が増えれば、当然、所得も増える。若者の消費自体も増える。こうした波及効果を考えれば、高齢者の所得増は高齢者世代のためだけとはいえない。

たとえば、年金といえば、高齢者世代のみが得をするという間違った見方があるのと同じだ。年金によって高齢者の生活が安定すれば、子どもはその生活費を工面する必要がなくなる。親世代が年金で生活できるならば、若者世代は仕送りをしなくて済む。つまり、その分、自分のための消費を増やせるのだ。こうした恩恵は、現在の高齢者が若者だった頃よりも、現在の若者のほうが大きい。

また、高齢者に働きやすい環境が、若年世代の働き方をも変える。こうした働き方改革が、実は重要なのだ。

人手不足が進むなかで、優秀な人材を引き留めておきたい企業にとって、働き方改革は、背に腹は替えられない重要課題となっている。そのため、本当に人を重視している企業では、すでに働き方を改めはじめている。時短勤務や残業の原則禁止など、生産性を高めながら、人手を確保していく動きが、もうスタートしているのだ。

そうした意味では、コーポレートガバナンス改革によって自己資本利益率（ROE）八％を目指すなど、「経営者の働き方改革」も進行中である。中長期的に企業収益を上げ、企業価値を高めることは、すでに企業経営者にとって常識だ。それがあるからこそ、経営者の所得は高いのだ。

次の段階では、「管理職の心に対する働き方改革」を実施する必要がある。人を管理するからこそ管理職。チームや部下の効率的な働き方を実現するのは当然だ。休日出勤や長時間労働でしか人を評価できない管理職など、すでに誰からも求められていない。

こうした働き方改革は、いまだ社会全体には浸透していない。それらの実現のために企業や労働者をサポートする需要が生まれる。こうした消費も、派生需要として拡大していく可能性があるはずだ。

日頃から外に飛び出す高齢者

いまどきの高齢者は、元気に外に飛び出している人が多い。旅行はもちろんのこと、それだけではなく、日頃から外に出掛けている。

そうした行動は、調査からもうかがえる。希望する「社会参加活動」を調べた結果によると、高齢期に行いたい社会参加活動として、「サークル活動・仲間とおこなう趣味・教養」と答える人が四三・六％（複数回答）と、最も多かった（内閣府「高齢期に向けた『備え』に関する意識調査」二〇一三年度）。

「やはり趣味や教養に時間を使いたい」と思う人が多いのは予想通りだが、「一人ではなく、地域の仲間や気の置けない仲間と共通の趣味を楽しみたい」という人がかなり多いことが分かる。そして、それに次いで多いのは、「スポーツ・レクリエーション活動」（三五・〇％）、「習い事」（三二・四％）、「地域行事への参加・手伝い」（三〇・一％）となっている。

こうしたことから、楽しむことはもちろん、スポーツなどによって健康を保つこと、習い事によって自分を磨くこと、地域行事などに参加することによって社会に貢献することなど、「楽しみプラスワン」を求めていることが分かる。

すでに高齢者は行動に移している。高齢者の消費を見ると、現役世代に比べて、習い事の月謝などの支出割合が多い（総務省「家計調査」）。ここでいう習い事とは、茶道、着物着付け教室、社交ダンス、バレエ、絵画などのカルチャースクールほか、多岐にわたっている。

また高齢者の支出では、交際費が多いことも注目される。総務省統計局の「家計調査年報」（二〇一五年）によると、その交際費のうち約半分を贈与金が占めており、子や孫、親戚などとの付き合いに加え、地域社会との交わりに積極的な姿がうかがえる。

ということは、この「楽しみプラスワン」を企業が高齢者に提案できれば、消費をさらに引き出すことができるわけだ。

先述のように、高齢者は健康状態から金銭的な余裕の状況まで千差万別ではあるものの、地域社会への参加意欲を持つ人が多いなど、消費には積極的な姿勢を示す。また、地域行事などへの参加は、費用がそれほど掛からないケースが多い。そのため、追加的な費用を掛ける余地は残されている。

そうした状況を踏まえて、企業は選択肢を増やしておくことも必要である。つまり、「楽しみプラスワン」に様々なメニューを用意しておくことが必要だろう。もちろん、そうした分野では、官民連携や地域連携など、様々な形が出てくる可能性がある。

実際、地域によっては、地域活動への貢献度に応じてポイントが与えられ、それを元手に地元の商店街で商品やサービスと交換できるなど、様々な仕組みがある。そうした部分では、官が民を引き込む呼び水となったり、こうした仕組みを仕込んでいったりするなど、新たな取り組みが必要になってくる。

流行をつくるのは高齢者の時代に

先述のとおり、いまどきの高齢者は、パソコンやスマホなどのIT機器を活用している。そのため、流行への感度はかなり高い。しかも、これまで新しい文化をつくってきた団塊の世代は、そうしたIT機器の利用には長《た》けているので、より流行を取り入れやすくなっている。また通信料の低下も、こうした動きに拍車をかける。

親と子、あるいは孫との関係も変わってきており、友だち感覚でショッピングや旅行に行く人も増えている。そうなると、流行を先取りするのは、もはや若者ではなくなる。

かつては、子どもから流行を教わり消費する、という高齢者が多かった。しかし、いまは違う。高齢者側から若者側に流行を伝えるケースが増えているのだ。

高齢者には時間がふんだんにあるので、日中色々とネットで検索する。あるいはテレビを観る時間も長いため、午前、午後、夜の情報番組から、最新の情報を入手する。一方の若者世代はテレビを観なくなったので、高齢者は彼らへの「情報伝道師」になるかもしれない。

また、高齢者が若かったときに流行っていたものが、マイナーチェンジをして復活するケースもある。そうなると、高齢者世代は一回経験しているため、その情報を若者世代に伝えることができる。

たとえばフィルムカメラや使い捨てカメラ、あるいはアナログレコードなど、若者に再評価されているものを例に挙げることができるだろう。

そうしたことによって、若者世代とのコミュニケーションが深まるきっかけになる。事実、高齢者世代は、若者とコミュニケーションをとりたがっている。「いまどきの若者は……」という言葉は常にいわれてきたことで、高齢者もかつてはいまどきの若者だった。文化やトレンドを若者と共有できることによって、消費が後押しされる。

消費に「世代の差」がなくなった

そうした意味において、消費に「世代の差」はなくなりつつある。つまり、企業から見れば、高齢者マーケットは確かに大きく魅力的ではあるものの、高齢者だからといって特別視するのではなく、若者世代と同様に新しいトレンドを追いかけるマーケットとして捉える、そのことが重要になっているのだろう。

これを踏まえると、高齢者が、いかに若者世代を流行に巻き込んでいくのかが重要になってくる。また若者世代から見れば、そうした高齢者の行動にうまく乗っていくことが欠かせなくなる。

特に現在の若者は、バブル崩壊後、長期的な経済停滞やデフレのなかで育ってきたので、よくいえば堅実に消費し、悪くいえば消費の仕方を知らない。大卒でも就職できるかどうか分からない厳しい状況や、仮に就職できても、いつ首を切られるか分からない、などといったニュースを見て育ってきた。そうであれば、若者にとっては、堅実な消費を行い貯蓄を増やすことが、賢い選択となる。

一人がそうした行動をとるのであれば、特段、問題はないかもしれない。しかし、多くの人が同じ行動をとれば、消費が尻すぼみになる。経済にとっては好ましくない状況が生まれる。

そうしたデフレ慣れした世代の消費行動は、なかなか変わるものではない。かつてのような右肩上がりの社会が再び実現するとは思っていないからだ。もちろん、成長しないということはない。ただ、自分のところにその恩恵がどの程度及んでくるのか、疑心暗鬼になっている。

こうした状況を踏まえると、消費の仕方を知っている世代である高齢者がしっかりと消費の仕方を見せることが重要になる。幸運なことに、これからの高齢者には、そうしたプラスの財産を残すことができるチャンスがあるのだ。

高齢者のボリュームは若者の三倍

ここまで見てきたように、高齢者マーケットには、まだまだ成長の可能性が大きく残されている。しかし勘違いしてはいけないのは、参入すれば簡単に利益を得られるようなマーケットではない、ということだ。

まず、高齢者はいま、人生の集大成期を過ごしている。ゆえに、これまでの歴史や自身の経験を加味して、商品やサービスを吟味《ぎんみ》する。吟味する時間もあるし、それ自体を楽しむようにもなっている。選別の目は、ますます厳しいものになっており、それがマーケットとしての難しさにつながっている。

そうした百戦錬磨の高齢者に対して、生半可《なまはんか》な商品やサービスでは、まったく歯が立たない。厳しいマーケットを生き抜く知恵と能力が、現役世代には求められているのだ。

しかも、高齢者はこれまでの人生を反映して、多様な性質を持っている。だから、たとえば「高齢者=脂っこいものは苦手」と決め打ちすることや、嗜好《しこう》を一括《ひとくく》りにすることはできない。これまでの高齢者向け商品やサービスは、「高齢者向け商品・サービス」と銘打って、それが失敗の元になったケースが少なくない。高齢者は、これまでもハンバーガーもステーキも食べてきた、そのことを忘れてはいけない。他の分野の商品やサービスでも同じことがいえる。

多様な高齢者像を捉えて、それぞれのセグメントに焦点を当てて挑んでいく。しかし、高齢者マーケットをいくつかのセグメントに分けても、そのマーケットボリュームには、十分な大きさがある。

二〇三〇年の推計では、高齢者のボリュームは、年少世代の三倍もある。

たとえば、高齢者マーケットのセグメントを六つに分けて捉えたとしても、一つ一つのセグメントのボリュームは、それだけで年少世代の半分になる計算だ。かなりの大きさがある。

しかも、一世帯あたりの消費額が、それほど落ちないことも注目される。

たとえば、六五歳未満世帯（二人以上の世帯）の平均消費額は月額三二万円だ。それに対して高齢者世帯は二五万円と、八割の水準になっている（総務省「家計調査」二〇一五年）。

つまり、ボリュームが約一・二五倍あれば、消費総額は同じになる。

これから六五歳未満世帯は、確実に減少に向かう。その一方で、高齢者世帯は増えていく。そうした高齢者世帯がマーケットの主役になるのだ。

もちろん高齢者世帯では、次第に単身者世帯が増えていく。しかし単身者世帯だからといって、消費が激減するわけではない。

さらに潜在的な消費を引き出していけば、高齢者世帯の消費額は、現役世代と同じになる可能性が高い。これまで企業が捉えきれていないマーケットに踏み込めば、さらなる成長も見込めるのだ。

世界一周や豪華列車の旅も

高齢者のセグメントは、数多く重なり合っている。だからこそ一括りにできず、分かりにくいマーケットになっている。そうであれば、初めから複数の視点でマーケットを捉えていくように割り切るしかない。

高齢者マーケットを捉えるうえで大きな切り口になるものに、趣味がある。

高齢者のなかには、現預金や株式などの金融資産を蓄え、購買力が大きい人がいる。極端なケースでは、豪華客船に住んでいる(かのように旅行をしている)人もいる。配偶者を亡くしてから、その遺産もあり、世界一周のクルーズ船に乗って過ごすのだ。

クルーズ船では、顧客が飽きないよう、毎日のように様々なイベントが実施される。非日常という空間を、日常化して楽しんでいる高齢者がいることは事実だ。もちろん、世界一周だとそれなりの費用がかかる。その一方で、「非日常を楽しんでみたい」という憧《あこが》れを持っている高齢者も多い。そうであれば、日本縦断旅行など、規模を小さくして費用を抑えることで、需要を引き出せる可能性がある。JR九州の豪華列車「ななつ星in九州」やJR西日本の「トワイライトエクスプレス瑞風《みずかぜ》」などは、その先駆けではなかろうか。

その他にも、身近な趣味のセグメントは多々ある。若者のときに楽しんでいた趣味を再開する例や、いままで手が届かなかったものに取り組みはじめる例などもあるだろう。

たとえば、オートバイのハーレーダビッドソンやドゥカティ、あるいはBMWを購入してツーリングを楽しむ。サックスやギターなどの楽器を始める。また、英会話を習得する。さらには、仕事や人生の集大成として大学や大学院に通い勉強する。これらによって需要が拡大する。

加えて、それらの趣味を楽しむのは必ずしも自分一人とは限らない。旅行なら夫婦や友だちが中心になるだろう。さらに、共通の趣味を介して知り合った若者世代との交流も深まる。

趣味が共通の人たちが住むシェアハウスが流行っているというニュースを聞いたことがあるだろう。また、ＳＮＳなどによって、疎遠になっていた友人を探し出すこともできる。高齢者になれば毎年のように同窓会が開かれ、友だちの輪は広がりやすいという素地もある。

このように、趣味というセグメントから、マーケットが広がる可能性があるのだ。

健康プラスアルファの商品とは

高齢者は、健康であることを求めている。働くためにも、遊びに行くためにも、健康があってこそだ。ただし、「ジムに行って健康増進を図りましょう」というのは、高齢者には受けない。楽しみが見出しにくいからだ。

というのも、健康になりたいのはもちろんだが、「単なる運動で終わりにしたくない」という本音がそこにある。楽しみながら健康になるという、一石二鳥を狙っているのだ。

たとえば医療・観光ツーリズムのように、その他の目的を抱き合わせて健康を追求する、これも一案だ。健康診断を受け、その結果を踏まえて、食事や観光ツーリズムを薦めてもらう。その提案に沿って観光するのだ。「楽しみながら、健康になれる」……そんな仕組みが必要になっている。

そうした流れのなかで、ゲームが見直されている。

ゲームでは、指先を使ったり、体を使ったりする。一時期、ニンテンドーDSで脳トレのゲームやバンダイナムコの「太鼓の達人」、あるいはコナミの「ダンスダンスレボリューション」が流行ったことを覚えている方も多いだろう。それだけではなく、孫や友人との対戦でも楽しめる。だからこそ、テレビゲーム、ネットゲーム、スマホゲームもするし、ゲームセンターにも行く。そこが、新しい社交の場になっている。

企業から見れば、学生などが利用しない時間帯に高齢者が利用するので、店舗などを構えている場合には生産性を高めることができる。こんなメリットもあるのだ。

このように、高齢者は健康に強い関心を持ち、それにプラスアルファを求めている。見方を変えれば、他分野から健康関連分野に進出することによって、そのプラスアルファの強みを発揮できるかもしれないのだ。

購買力をベースに高齢者を見ると

高齢者の懐事情を左右する三大要素は、勤労所得、金融資産、年金である。特に大きなものは、金融資産と年金である。

高齢者のイメージとして、金融資産が多い、ということが浸透している。実際、世帯平均の金融資産一〇〇〇万円超に対し、高齢者世帯は一八〇〇万円超となっている（総務省「平成二六年全国消費実態調査」）。その高齢者の貯蓄は、三八〇兆円を超えている。高齢者が貯蓄額全体の五一％を占める計算だ。仮に、この貯蓄額の一％が消費に回れば、GDP（二〇一五年度五三二兆円）の約〇・七％に相当する規模だ。潜在成長率が〇・八％と推計されている現在、この「消費押し上げ力」はかなり大きい。

もちろん金融資産の保有状況は、個人によって大きく異なる。金融資産が多い高齢者がいる一方で、ほとんど金融資産を持たず、年金も少額しか受け取れない高齢者もいる。こうしたことを踏まえると、高齢者市場としての中心は、普通の高齢者に絞るべきだろう。

普通の高齢者の横顔を見てみよう。年金については、現在では国民皆年金であり、専業主婦などすべての人が受け取れる。また、若者世代に比べて金融資産が多い。老後に向けて貯蓄をしてきた結果だ。さらに多くの高齢者は、親からの相続によって金融資産を引き継いでいる。

ただし、長生きリスクに備えるため、すべての金融資産を使い切ることは難しい。そのため金融資産の一部は、子世代である現役世代にも同じように引き継がれていく。つまり、現在の若者世代も、いずれ現在の高齢者から金融資産を引き継ぐことになるのだ。

それにしても、多くの金融資産がストックとして引き継がれていることは事実だろう。これからは、その金融資産が徐々に使われはじめ、消費がその分増える。家計の金融資産のストックが使われながら、それが消費を下支えして経済が好循環することになるのだ。

このように、年金や金融資産などの購買力をベースにして高齢者のセグメントを追うことが必要になっている。

複数の地域社会を持つ高齢者

高齢者になると、自由な時間が増えることもあり、地域社会への関わりが増える。そうした視点も、高齢者マーケットを考えるうえで重要になる。

地域といっても、いま住んでいる地域、週末を過ごす地域、生まれ育った地域など、複数の視点がある。いま住んでいる地域では、高齢者は趣味などの活動に参加したり、地域社会のイベントに参加したりする。安全や清掃など、地域の活動に従事するようにもなる。

また、いつも平日を過ごしている地域に加えて、他の地域などにセカンドハウスを持ち、週末を過ごすこともある。そうなると、いつも住んでいるところの地域社会と、週末の地域社会とに、二つの関わりを持つことになる。

さらに、生まれ育った地域社会に参加するケースもある。同窓会などで故郷に帰る機会や、フェイスブックやLINEのようなSNSによってかつての同級生に再会することが増える。親からの相続によって実家を活動拠点とすることもあろう。

また、ふるさと納税などによって、自分が住んでいる地域以外に目を向かせる仕組みもある。最近では、ふるさと納税によって送られてきた特産品を消費者が知ったことで、その商品の販売の裾野が広がるなど、新たな消費に結びつく例も見られる。

このように、これからの高齢者はますます、一つの地域社会で過ごすのではなく、複数の地域社会で過ごすようになる。そうなると消費活動も、必然的に、複数の地域社会にまたがったものになる。企業としては、そうした消費者セグメントに訴求力のある商品・サービスが求められるようになるだろう。

これまでは、そうした暮らし方は少数派だったかもしれない。しかし、これからは多数派になる。この消費セグメントに成長性があるのだ。

「母娘子消費」の巨大な可能性

高齢者といっても、現代の六〇代は、かなり若い。よって、「高齢者だから」という言葉など言い訳にしか聞こえない。社会で活躍していかなければならないし、自身でもそう思っている。そのため、マーケットを年齢によって分けるのは適当ではない。

そうなると、個々の趣味、健康状態、懐《ふところ》事情、地域社会などを踏まえたうえでセグメントを捉えていかなければならない。

たとえば最近では、「母娘消費」だけではなく、「母娘子消費」などというように、消費の枠は広がっている。そうなると、「おばあちゃんだから、こういう消費」という枠は、まったく適当ではなくなる。

むしろ先述したように、日中のテレビで得た最新情報を娘たちに教えるなど、流行や情報の面で高齢者がリードしていく可能性が高い。

テレビで興味を惹かれたものについては、パソコンやスマホなどを利用して、さらにリサーチする。その結果を、夜や休日に娘たちに伝えて、一緒に遊びに行く。そうした状況になりつつあるのだ。

するとむしろ、若者世代と共通項を多く持たせ、区別しないことが重要になる。つまり、これからの高齢者マーケットでは、年齢という視点は重要ではなくなり、そうした見方は、むしろ企業の足を引っ張ってしまうことになるのだ。

高齢者の消費で現役の所得は増加

注目される高齢者消費……しかしそれは、何も若者世代を蔑《ないがし》ろにするものではない。重要な点は、日本の経済と社会が高齢者中心にシフトしていくなかで若者にも恩恵が波及する、ということだ。

現在の高齢者世代は、若い頃から人口のボリュームが大きく、その旺盛な消費が経済を牽引してきた。これからは、年少世代の三倍に達するというボリュームが存在感を発揮する。その消費が、経済を、そして若者を含む現役世代を牽引していくのだ。

それでは、高齢者が消費する商品やサービスは、誰が生産するのだろうか。商品ならば輸入することも考えられるが、サービスではそうはいかない。国内の現役世代が担うのだ。

働く機会が増えたとはいえ、フルタイムで働いている高齢者は少数派だろう。もちろん生産の主役は、引き続き若者を含む現役世代だ。高齢者の消費が増えてくれれば生産も増えて、現役世代の雇用が増える。それに伴い、賃金にも上昇圧力がかかりやすくなる。人口減少と高齢化によって、労働供給は限られているからだ。

アベノミクスのはじまりから大きな話題になった人手不足は今後も続く。そうなると、結果として、現役世代の所得が増えることになる。こうして消費も拡大していくことになるのだ。

つまり、高齢者の消費拡大と、現役世代の所得増加、そして消費拡大は、表裏一体の関係にある。こうした点を踏まえると、表の主役の高齢者に対し、陰の主役は現役世代だ。さらに、この陰の主役が、所得増を背景に消費を拡大し、表の主役になる。この好循環がうまく機能するような仕組みが重要になるだろう。

若者と高齢者の共創が成長のカギ

かつては、消費者と生産者を、ともに若者世代が担っていた。だから生産者は、消費者のニーズや気持ちを理解しやすかった。そのため、必要とされる商品やサービスを生産して提供するというプロセスが、円滑に進んできた。

しかし、高齢者が消費の中心になる一方で、若者が生産の中心を担うようになるということは、消費者と生産者の年齢層が分離することを意味する。それによって、一つの問題が生じる。高齢者中心の消費者のニーズを汲み取る際の難易度が高まるのだ。

高齢者は、誰もがかつて若者だったので、若いときの経験がある。しかし、若者は高齢者になったことがないので、その経験がない。その経験なき若者世代が高齢者マーケットに攻め込むときに、思いもよらない落とし穴に遭遇し、高齢者ニーズを取り逃がしてしまう恐れがある。

それでは、その落とし穴を避けるには、どうしたらよいのだろうか。一つの方法は、高齢者の知見を活用することだ。

言い換えれば、若者には、高齢者の知見や経験を生かすマネジメント能力が必要とされる。高齢者には、「自分のことを高齢者と思わない」人たちのニーズが分かる。それを若者が活用すれば、高齢者のニーズを捉えられるようになる。そうした生産活動における役割分担が必要になっているのだ。

こうしたことを踏まえると、高齢者中心の経済や社会のデザインとは、高齢者マーケットをテコにして生活を豊かにする、若者世代の生活デザインを見直すということだ。その見直しのきっかけになるのが、旺盛な高齢者の消費といえるだろう。

だから若者世代にとって、高齢者マーケットへの切り込みは、腕の見せどころである。高齢化とともに人口が減少し、海外企業との競争が激化するなど、若者世代が直面する競争環境は、これまでにも増して厳しいものになる。そのため、企業が簡単に収益を上げられるような環境ではない。

また、多様かつ複雑なセグメントを持つ高齢者マーケットに攻め込み、手ごわい高齢者のニーズを掘り起こしていかなければならない。いまの若者が直面するマーケットの難易度は、現在の高齢者が若かった頃に直面していたマーケットの難易度よりも、はるかに高くなっている。しかし、この高難易度の高齢者マーケットを切り崩していった先にこそ、初めて巨大な成長を見込める。

「もう日本は成長できない」という言い訳をするのか。あるいは、成長の可能性を秘める「高齢者マーケット」に果敢に切り込んでいくのか。若者世代は、後者を選ぶべきであろうし、成功したあとの果実は大きい。

高齢者消費をテコに成長する日本

以上、高齢者の消費をテコに、若者を含めた現役世代が成長パスに就く過程について述べてきた。ただ、まだまだ高齢者の消費をきっかけにした成長パスはある。ここでは、それらの成長パスを説明し、高齢者消費をテコにして日本経済が成長する姿を描いていく。

もちろん、必ず成長できるなどという甘い話はない。日本で象徴的な高齢化に対応していくこと、すなわち、日本の社会デザインを高齢化にフィットする形に変えていくところに潜在需要があり、それを丹念に拾っていくことで成長できるのだ。

消費では、いくつかの広がりがある。

一つ目は、先述のように、現役世代の消費拡大である。高齢者が消費する商品やサービスを生産した現役世代は、その対価を受け取り、所得が増える。それを元手に消費を増やすことができる。

二つ目は、非営利団体の消費であり、三つ目は政府の消費である。これらには、医療や介護などの社会保障分野が含まれている。予防医療や健康促進・維持などのサービスが、民間と同じように提供されるようになるのだ。

もちろん、収益性が見込める部分については、民間が主役となる。一方、収益性があまりないものの必要性が高いものについては、非営利団体や政府部門が供給主体となる。このときには中央政府だけではなく、地方自治体、地域社会など、きめ細かい支援体制が必要になることは間違いない。

このように、高齢者消費をきっかけにして消費の裾野が広がることによって、消費自体が拡大する。

高齢者に対応する設備投資とは

社会が高齢者中心にシフトしていくなか、企業の生産設備も、それに合わせて変化していく必要がある。一九九〇年代以降の日本企業の国内設備投資は、更新・維持が主となってきた。そのため、高齢化に対応したものとは、必ずしもいえない。

高齢化対応には、二つの方向性がある。まず一つ目は、高齢者を働き手と見たときの設備投資だ。これからも人手不足が続くなかで、企業には省力化投資が求められている。そうした状況下、ＩｏＴ（モノのインターネット）やＡＩ（人工知能）の活用などが、大きな課題になっている。

その一方で、高齢者が働きやすい環境の整備も課題である。これからの労働者の平均年齢はますます上昇し、職場に高齢者の数は増える。高齢者でも負担が少なく働けるような環境づくりのための設備投資が必要になってくる。つまり、設備投資という需要が増えるのだ。

もう一つは、高齢者を消費者として見たときの設備投資。高齢者が求める商品やサービスを生産するために必要になる設備投資のことである。すると、これまでと同じ生産設備で生産できるものがある一方で、専用の生産ラインが必要になるケースが出てくる。また、これからは高齢者が利用するサービスも拡大すると見込まれており、そのためにも設備投資が必要だ。

いち早く高齢者のニーズに対応する設備投資を行い、商機を逃さないようにするのか、それとも出遅れて成長のチャンスを逃すのか……設備投資の判断は、ますます日本企業にとって重要になっており、これから成長に向けた設備投資が盛り上がる可能性がある。

高齢者対策のコンパクトシティ

社会インフラも、高齢社会デザインに合った形に変わっていく必要がある。財源も限られることから、これまでのような公共投資を維持することは無理だろう。政府の支出では、公共事業よりも、医療や介護などの社会保障関係費の比重が高まることは間違いない。そうしたなかで、いかに効率的かつ効果的に公共事業を行っていくのか、それがますます重要になる。

そのうち優先順位が高いのは、高齢化対策だ。社会インフラを高齢社会に合ったものにする。運営費用がより少なくなるような社会インフラを実現する。そうした視点からは、コンパクトシティが一つの方法だろう。

すなわち、医療施設や商業施設などを中核にして、街づくりやネットワークづくりを行うのだ。もちろん、学校などの教育施設や育児・保育施設なども併設していく。そうした街づくりのためには、コストを掛ける必要がある。

さらに重要な視点は、更新時期を迎えている、高度経済成長期に建設した建物や社会インフラについて。これからの社会に合った形、コンパクトかつ効率的な形に生まれ変わらせていかなければならない。

ない袖《そで》は振れないが、日本にまったく資金がないわけではない。高齢化に合った社会インフラになることで、社会的な便益が拡大することになる。そうした点からも、需要が拡大する可能性がある。

高齢者ビジネスモデルを輸出

輸出というと、商品の輸出を想定しがちだ。それはそれで重要ではあるものの、これからは高齢者ビジネスというサービスの輸出に、成長の可能性がある。

日本は高齢化のフロントランナーである。しかも重要なことは、欧州やアジア諸国も同じように高齢化に直面していること――。

むしろアジアでは、日本など先進国のように社会保障制度が整備されていないので、高齢化への対策が後手に回っていることは間違いない。そうした場面で必要とされるのは、日本の経験である。

二〇三〇年に向けて、日本企業は、医療や介護、あるいは予防医療やセルフメディケーションなどからはじまり、多くの商品やサービスで、高齢者に対応したものを開発していくはずだ。それらの商品やサービスとともに、ビジネスモデル自体を海外に輸出できる。

たとえば、コンビニや小売店などのビジネスモデルはすでにアジアに進出しており、これまで着実に現地の生活に根付いてきた。そうしたビジネスモデルと同じように、高齢者ビジネスも海外に進出することになる。

こうして日本企業は海外で稼ぐ手段を得る。その結果、配当などの所得、ロイヤリティー収入（特許などの知的財産権使用料の収入）などが、海外から日本にもたらされる。これは、それらビジネスに携わる企業や労働者の収入が増えることを意味するのだ。

第二章　高齢者だけの七つの消費行動

「氷河期世代」以降の消費行動

「いまどきの若者は……」と愚痴のような言葉をよく聞くけれども、それと同じくらい、いや、もしかしたらそれ以上に、「いまどきの高齢者は……」と思うことが多いのではないだろうか。

そもそも「いまどきの若者は……」というフレーズは、古代から使い古されてきたものだ。エジプトのピラミッドのなかにも同様の記述があるという。いまの高齢者も、例外なく、かつては「いまどきの若者」だった。それがいつの間にか「最近の若者は……」と愚痴をこぼす側になっている。

この例に見る重要な事実は、現在の高齢者も、かつて新しいことにチャレンジしてきた、ということだ。

なかでも有名なのは、一九四七〜四九年に生まれた「団塊の世代」。団塊の世代は第一次ベビーブームに当たり、それ以前の世代に比べて消費意欲が旺盛で、海外の文化を取り入れながら新しい文化をつくってきた、と一般的にいわれている。そのボリュームも大きかったことから、必然的に同世代での競争が厳しかったものの、そうした動きが日本社会に大きな影響を及ぼしてきた。

それに対して、同じように「いまどきの若者」と呼ばれたであろう「氷河期世代」（一九七〇〜八二年生まれ）は、就職に苦労した経験を持ち、親世代がリストラされる厳しい現実にも直面し、よくいえば堅実な消費をしている。

また、それ以降の「ゆとり世代」（一九八七〜二〇〇四年生まれ）や「さとり世代」（二〇〇四年生まれ〜）も、バブル崩壊後の日本経済の低成長期に育ってきたことから、背伸びをせずに手堅く過ごしている。

社会に出て働き、初めて自分で自由に使えるお金を手にした時期に染み付いた行動は、その後の人生を左右する。そういう意味で「氷河期世代」以降の人たちは、堅実過ぎる消費者であるため、日本経済を牽引する力になりえていない。

こうした状況で、日本経済の成長の起爆剤として、また生活スタイルの見本として期待されるのが、「いまどきの高齢者」なのである。

高齢者マーケットの多面性

高齢者に求められる役割として、次の世代にとって身近な先例になることも挙げられる。

たとえばバブル世代までは、「身近な先輩が昇進して、給料が高くなり、よりよい生活を送れるようになった。だから、次は自分も」と思っていた。右肩上がりの世界を体感し、それが自分の身にも起こると信じていた。

ところが、それより下の世代では、「そんなことはムリムリ……現状維持が精一杯だ」と思っている。バブル崩壊後に人員削減などが進んだことで、同じ業務量をより少ない人数でこなさなければならなくなっている。しかも、技術進歩などから求められるスキルもだんだん高くなっている。仕事はより厳しいものになっているのだ。「給料が増える以上に仕事はきつくなるんだから、程よい給料で程よく働く……そんなライフスタイルを選ぶのも悪くない」と思っている。

こうした現状を変えるために、「右肩上がりの社会」の実現が欠かせない。いまどきの高齢者と、これから高齢者になる世代が、下の世代のお手本となる「生き様」を見せていくことこそ重要なのである。

それは、単に高齢者が多く消費し、若者がその生産を行うといった、単純な構図ではない。そうではなく、現在の停滞した状態から抜け出して若者世代が成長し続けるためのテコとして、高齢者の力を借りるのだ。言い換えれば、高齢者マーケットの可能性を活用して自分たちが成長するという気概が、若者には必要なのだ。

では、高齢者の力を借りるとして、どのようなマーケットに切り込んでいけばよいのだろうか。

先述のように、高齢者は多面的な性格を持っている。ゆえに、高齢者マーケット全体をいくつかのセグメントに分けて捉えていくことが重要ではあるものの、一人がたくさん持っている消費のシチュエーションを捉えなければ、セグメントに分ける意味はない。

そのためには、高齢者マーケットをどのような切り口で捉えていくのがよいのだろうか。これまで多くの場合、高齢者の属性によるセグメントの捉え方が多かった。それは、年齢、性別、居住形態、地域、家族構成などを基準にしたものである。

たとえば「一人暮らしの男の高齢者には、○○という特徴がある」とか、「夫婦で暮らしている高齢者世帯には××の特徴があり、都市部の場合は□%がそれであり、地方の場合は△%が異なる……」などである。

その一方で、別の捉え方もできる。たとえば、高齢者マーケットを消費の「シチュエーション」から捉える。すなわち一人の人の様々な消費の場面を想定するのだ。そのためには、高齢者の潜在需要をより広い視点から考え、高齢者マーケットの多面性と奥行きを把握することだ。

消費のシチュエーションとして、ここから、①チャレンジ消費、②延長戦消費、③プレミアム消費、④高齢化消費、⑤新文化消費、⑥血縁共創消費、⑦地縁共創消費について考えてみる。

高齢者が示す七種類の消費行動

それぞれのシチュエーションについて、詳しくは後に譲るとして、ここでは簡単にその概略を押さえておく。

まず、「チャレンジ消費」とは、若い頃にしたかったことに高齢期になってから挑戦する消費。若い頃から思い続けてきたこと、不意にやってみようと思ったことなど、色々なものがあるだろう。その思いを遂げるための消費である。

二つ目の「延長戦消費」とは、若い頃からずっと消費してきたことを引き続き消費するもの。いわば、若い頃からの延長戦である。ただし、これからの高齢者の消費は、それまでの高齢者の消費とは異なる可能性がある。そのため、たとえば、「高齢者は脂っこいものは嫌いだから、これからの高齢者も同じだ」と考えるのでは、その実態を見誤る恐れがある。

三つ目の「プレミアム消費」は、日常的な消費から「一つ上を行く消費」である。それは、日常の生活の一つ上を行く消費であったり、いわゆる「ハレの日」の消費や「爆買い」であったりする。そうしたプレミアム消費は、普段の消費よりも単価が高いため、消費額が膨らむと期待される。

四つ目の「高齢化消費」は、高齢者になったからこそ増える消費。ただ、そのなかで、どのように「生活の質（QOL）」を高めるのか、という視点が重要になる。それを実現していく分だけ、消費額が多くなる計算だ。

五つ目の「新文化消費」は、団塊の世代に特徴的なように、新しい文化をつくるときに生まれてくる消費である。そこで重要になるのは、新しい消費スタイルが次世代にも引き継がれること。新たな消費を支えるための企業努力や生産設備なども必要になるだろう。

六つ目の「血縁共創消費」は、親子や孫まで含めた三世代消費など、血縁を軸にした消費活動。ここで重要なのは、それぞれが集まることによって共に消費スタイルを創り上げること、である。この消費スタイルは、高齢者世代から子どもや孫世代に、または子どもや孫世代から高齢者世代に、消費スタイルが伝わることである。

七つ目の「地縁共創消費」は、地域を軸にして広がる消費である。地域コミュニティーを中心にして、趣味の活動、地域貢献のボランティア、育児や保育、介護などをはじめ地域の活動から派生する消費である。その顔の見える範囲内、歩いて行ける範囲内での地域コミュニティーでの結び付きが、より強くなる。そうした地縁に基づく消費が、さらなる消費を生み出していくことになるのだ。

以上のように、あらゆる視点から高齢者の潜在的な消費を引き出していくことができるだろう。それぞれのシチュエーションの消費単価が高くないように見えても、高齢者全体のボリュームが大きいことから、マーケットがかなりの規模を持つことは間違いないだろう。

昔からやりたかったことに消費

一つ目のシチュエーションは、「チャレンジ消費」である。何にチャレンジするのかというと、「若い頃にやりたかったことや、やり損ねたこと」である。もちろん、「これまでやったことはなかったけれど、不意にやってみようと思いついたこと」でもよい。高齢者になったからこそチャレンジできる消費だ。

若い頃にやりたかったことは、長年の思いが積み重なっているため、消費への熱い思いや執念もある。そのため、消費力として底堅さを持っていると考えられる。また、不意に思いついたことであっても、その後の生き甲斐に化ける可能性もある。たとえば六〇歳を過ぎてから急にランニングを始める人など、「思い立ったが吉日」のような行動をとる。

後述するように、「チャレンジ消費」の幅は、実に広い。モノの購入はもちろんのこと、サービス消費も広がる。そう考えると、「チャレンジ消費」を丹念に追っていくことによって、企業や日本経済の成長を実現することができるだろう。

また「チャレンジ消費」は、まさにそのタイミングを迎えたことで生まれる消費である。若い頃は、仕事に子育てにと、色々やるべきことが多かった。「朝早くから出社して、帰ってくれば、ご飯を食べて、ちょっとテレビを観れば、もう寝る時間」……そんな生活のなかでは、「土日は、普段できない買い物と睡眠……それで終わり。だから、趣味の時間もとれなかった」という人も多かったのではなかろうか。

しかし退職してからは、自由に使える時間がある。また、これからの高齢者は働きに出ているケースが増えるものの、必ずしもフルタイムで働いているわけではない。たとえば「九時から一五時」「午前だけ」「午後だけ」などと、時間を区切った短時間労働になる可能性がある。もしくは、週休二日で若い頃と同じように働くのではなく、週休三日や四日などにして、休日は確実に増えるだろう。自由時間はどんどん増える。

実際、六五～六九歳の人のうちで趣味などに使う自由時間は、三〇～五〇歳代の一・五倍で、一日あたり一時間半ほどもある（総務省「社会生活基本調査」二〇一一年）。高齢者の働き方を踏まえれば、この傾向は今後も続くだろう。

そうした生活のなかでは、趣味に費やす自分だけの時間を確保できるようになる。

高齢者が手にするバラ色の趣味

若い頃に「やりたかったけれども、できなかった」理由としては、元手が足りなかったことも挙げられる。趣味に没頭するためには、それなりにモノを買いそろえたり、サービスを購入したりしなければ楽しめない。そうなると、一つ一つは「それなり」の少額であっても、楽しむためには「それなり」の元手が必要になる。

ただ、若い頃は給料があまり高くないため、生活費以外の趣味に回せる十分な資金はない。その他にも、マンションを購入するために貯金するなど、生活の基盤を整えなければならない。金利が低下しているなか、ワンランク上の物件を選べることなどもあって、資金が不足しがちになっているという報道もある。

それと同時に、老後に向けての資産形成など、趣味よりも優先すべきことが多々ある。そのようなことを踏まえると、若い頃には、資金面からも、趣味に費やす余地は少ない。

その一方で高齢期になると、生活設計にある程度の目途が立ち、先行きが見通しやすくなる。今後の生活にいくら必要になるのか、いくら貯まっているのかも分かるからだ。

たとえば家計（二人以上の世帯）の貯蓄額は、四〇歳未満では約六一〇万円だが、六〇歳代では約二四〇〇万円にのぼる（総務省「家計調査」二〇一五年）。そのため当然、趣味に費やす余裕も出てくる。先述のように、趣味に没頭する時間も比較的確保できることに加え資金もあるため、長年の悲願達成に向けて行動を起こせるようになるのだ。

このように、時間も元手もある。すると、「何をするのか」が、高齢者の「チャレンジ消費」を考えるうえで重要になってくる。

趣味の王道としては、ロックやジャズなどの音楽、フラダンスや日本舞踊などの踊り、英語だけではなくスペイン語や中国語など旅行先を想定した外国語の習得、陶芸などの工芸品づくり、家庭菜園から週末農業まで含む園芸などが挙げられるだろう。

音楽では、ピアノ、フルート、ギター、サックスなどの演奏もある。「ピアノは小さい頃に習っていたけれども、練習が嫌でやめてしまった」が、それを再開することもある。そんな心境の変化が、人の内面を深めることになる。

かつては習い事であり、年に数回の発表会というものであったけれども、高齢期や定年後の音楽活動では、「楽しみ」が一番の目的となる。そのため、たとえピアノを習ったとしても、クラシックではなく、ジャズやロックの曲を弾きたいと思うかもしれない。そうなると、友人と集まって、バンドを組んだりして、活動の場は広がっていく。初め自分はやる気がなかったけれども、友だちとバンドを組むうちに思わずはまってしまう、そんなケースもあるだろう。また音楽フェスに行くなど、コト消費にも広がる。

さらには、若い頃から憧れていたハーレーダビッドソンやドゥカティを買って、仲間と一緒にツーリング、ということもあるだろう。バブル時代のスポーツカーブームを経験していることもあり、ポルシェやフェラーリなどを購入するかもしれない。

また、勉強としての英語は苦手だったけれども、明確な目的を持った英会話となると、話は別だ。たとえば、「海外に旅行に行きたい、そのときに、少なくともいいたいことはいえるようにしておきたい」、そんな思いもある。そうなると、英語は勉強目的ではなく、遊ぶための道具にもなるのだ。そうなれば、英語に対する苦手意識など消えてなくなる。なぜなら、それができないと楽しめないからだ。

いま外国語といっても、それは英語だけではない。「フランス語もいいし、スペイン語もいい、現在なら中国語も……」と、旅行先が地球の反対側を含めグローバルになっているため、必要になる言葉も増えてくる。

陶芸などの「ものづくり」も、趣味として存在感を増している。「普段、なかなか陶芸をする機会がなかったけれど、ずっと陶芸が気になっていた」というケースもあるだろう。公民館でのカルチャースクールなど、すぐ近くに入り口があることにも気づく。

陶芸に打ち込むには、それなりの時間が必要だ。それが、これまでためらってきた理由だった。しかし、自由に使える時間がある高齢者だからこそ、それに取り組める。

また陶芸には、自分でつくった花瓶《かびん》や茶碗などを使うという楽しみもある。その作品の展覧会も楽しみだし、気の置けない友だちと作品を交換し合う楽しみもある。そうすることで、話のネタやコミュニケーションツールにもなるだろう。

「土いじり」という点では、「いつかはやってみたい園芸」もある。年をとってから動物を飼うこともあるけれど、場合によっては自分のほうが先に死んでしまう。そうした場合、ペットのその後が気になる人も多い。残されたペットの生活を保障する目的の「ペット信託」というサービスや「ペット保険」などもあるが、やはり気になることは気になる。そうであれば、花などを育てるほうが気が楽だ。

また、親からの相続で田舎の田んぼや畑を引き継ぐケースもある。そうなると、まさに園芸にチャレンジするチャンス到来だ。

さらには、「週末の田舎暮らし＋園芸」という楽しみ方もある。都心部から一〜二時間程度離れたところに週末の別荘を持つ、そんな生活にチャレンジするのだ。

「チャレンジ消費」で企業は成長

「チャレンジ消費」を成し遂げるためには、独力では厳しいケースもあるだろう。そのため、応援団も必要だ。実は、そこにも、企業が成長する可能性がある。

たとえば、本格的なものはもちろんのこと、エントリーレベルとして、公民館などで開催するカルチャースクールがある。それらは、比較的低費用でチャレンジできる。色々な趣味の手ほどきを受けられるため、立派な応援団になるだろう。

実は、この応援団こそ、「チャレンジ消費」にとっては重要なのだ。なぜなら、いったん若い頃に諦めた消費、もしくは若い頃からずっと憧れてきた消費であるため、それなりに「ハードルの高さ」があるからだ。そのハードルを乗り越えられるようにアシストするサービスが必要になる。

カルチャースクールのエントリーレベルを超えると、場合によっては、たとえば「大人の家庭教師トライ」や「ヤマハ大人の音楽レッスン」「大人も学べる公文式」などで本格的に学び、楽しむことになるだろう。少子化によって子どもの数が減っているため、家庭教師や塾の業界では、大人を対象にしたサービスも展開されている。そこでは、エントリーから玄人好みのレベルまで、様々なサービスが提供されるようになるだろう。

またパソコンやスマホが使えれば、フィリピンなどの海外とオンラインで結ばれた英会話サービスを自宅から利用できる時代だ。そんな技術進歩も後押しとなって、サービスが拡大している。

さらには、大学などでの学び直しもある。かつて注目を集めた「四〇歳での学び直し」が広がるならば、「六〇歳での学び直し」や「八〇歳での学び直し」にも話は進むだろう。「学ぼうと思ったときが学びどき」なのだ。年齢など、まったく関係ない。やる気と熱意さえあれば、学び直しはいつでもできる。

こうした「チャレンジ消費」を後押しするサービスは、企業にとっての一つの成長フロンティアになる。もちろん、多様な趣味に対応するのは生半可《なまはんか》なことではない。習い事の塾のように、一つのことを極めるサービスも想定されよう。

いずれにせよ、高齢者のチャレンジを実現すること、それこそが日本企業と日本経済の成長に直接つながっていくのだ。

食に顕著な「延長戦消費」

二つ目の消費のシチュエーションは、「延長戦消費」である。「何の延長戦か？」というと、若い頃からずっとしてきた消費スタイルをそのまま高齢期になってもやり続ける、という意味。他人はどうであれ、その人にとって馴染みのある消費を続行するのだ。

その人が長年つちかってきた知識によって、その分野については非常に詳しく、こだわりも強い。そのため、生半可な商品やサービスでは、そうした消費者を満足させることはできない。企業にとってみれば、参入するハードルは高いだろう。しかし半面、自分の気に入った消費スタイルに対するロイヤルティーは強いため、他の商品やサービスに浮気することは稀《まれ》だ。

企業の立場から見れば、「延長戦消費」を手堅く押さえられれば、ベースラインとしての売り上げを確保できる可能性が高い。そのため企業には、この「延長戦消費」に切り込んでいく動機がある。

若い頃からの習慣は、高齢者になってもそのまま続く。「食」が顕著な例として挙げられる。これまでにも述べてきたように、高齢者というと、「脂っこいものは苦手で、野菜を好んで食べる」という先入観があるかもしれない。しかし現在の高齢者には、「毎日は食べないが、肉は大好き」という人が多い。

若い頃からハンバーガーなどを食べてきた高齢者は、年を重ねてもやはり、ハンバーガーや焼き肉を食べたいと思うのだ。マクドナルドが一号店を出店したのは一九七一年であり、そうした食生活は、現在の高齢者にとって、もはや当たり前のものになっている。

また、彼らはこれまでも、モツ鍋やジンギスカンなどのブームをつくり出してきた。当然これからも、新しい食文化を受け入れていくだろう。

そうして一度ブームになれば、「一回は試してみたい」と思うのが常だ。しかも、退職してからは、自由に使える時間がある。すでにパソコンやスマホを使いこなしている高齢者は、いち早くお店を検索し、すぐに行動に移せる。若者が集中しがちな休日や夜を避けて、平日の日中に足を運ぶことができる。これからの高齢者は「ググる」ことなど朝飯前なので、そうした行動に拍車がかかることは間違いない。

他の例も挙げよう。高齢者を取り巻くコーヒー文化だ。彼らは若い頃に通っていた純喫茶だけではなく、スターバックスやドトールなどのコーヒーチェーン店や、コンビニのコーヒーを愛用するようになっている。季節ごとに新作コーヒーが提供されれば、「一度は飲まなければ……」と思う。そして気に入れば、「季節限定なのだから、いまのうちに」と、何度も足を運ぶことになる。

それとともに、ドーナツなどのスイーツも合わせて購入したくなる。そんな午後のひと時を過ごすようになるのだ。

また、朝の散歩のついでに、コーヒー店やファミレスに足を運ぶことを習慣化している高齢者も多い。それらの店では、手頃な値段でモーニングサービスが提供されている。コーヒーだけではなく、トーストや卵のサービスも付いている。しかも、朝刊まで読めるところも多い。朝のひと時を、ちょっぴり優雅な気分で過ごす……素晴らしい「延長戦消費」である。

思い切ってポルシェを買うわけ

衣服のトレンドも、これまで大きく変化してきた。

たとえば高齢者は、高級ブランド品だけに興味があるわけではない。すでにユニクロなどのファストファッション店には、高齢者が押し寄せている。普段から着慣れている服であるため、「それはそれで使い勝手がいい」と思っている。ハレの日は別の服だとしても、普段着には十分だと思っている。手頃な値段で購入できて、小奇麗でいられれば、それで満足なのだ。

もちろん、その背景には、企業が、若者だけではなく、高齢者にもウケる製品をつくり出していることがある。化学メーカーとタッグを組んで、ユニクロは、ヒートテックなど冬でも暖かい衣服を生み出している。一度その利便性を体験すれば、そのまま使い続ける。イオンやイトーヨーカドーなど小売店も独自プライベートブランドを展開してマーケットを広げている。ニトリや西川リビングなども、夏に涼しさを感じられる寝具などを販売し、消費者ニーズを捉えた。こうした追加的な機能を持つ製品が販売されることで、新たなマーケットが生まれていくのだ。

また、音楽も若い頃からの嗜好《しこう》が続く傾向にある。昔ロックが好きだったならば年をとってからもロックが好きだし、同様にJポップならばJポップを聞き続ける。そして、音楽はデジタル情報としてやり取りするのが現在の主流だが、お気に入りの歌手のCDはちゃんと買う。アルバムのジャケットなどを楽しみたいからだ。実際、いつになってもビートルズやローリング・ストーンズは売れている。また、自分で歌いたい、演奏したいという欲求もあるので、さらなる消費の種になっている。

かつて一世を風靡《ふうび》したスーパーカー……しかし、そもそも運転免許証すら持たない者が増えているという若者世代にはピンと来ないだろう。しかし、高齢者は違う。トヨタがスポーツカー「86《ハチロク》」を販売した当初、若者よりも、むしろ五〇〜六〇歳代の心をつかんだという。日産が「フェアレディZ」を再販売したときも、かつての憧れの車を購入した人もいるのだろう。もちろん、フェラーリやポルシェなども購入したい。家を一軒買うくらいの覚悟が必要だが、そうした思い切りも「いまならできる」と思うかもしれない。

こうした消費スタイルを、徐々に若者世代に広げていくことも、高齢者には期待されているのだ。

「お一人様」消費は孤独ではない

若い頃からの延長戦消費としては、「お一人様」消費もその一形態といえる。二〇一五年には、六五歳以上の人がいる二三七二万世帯のうち、単独世帯は六二四万世帯と、二六%を占めるまでに増えている（厚生労働省「国民生活基礎調査」）。高齢者のうち、夫婦のみは七四七万世帯、その他子などと同居の一〇〇一万世帯と比べても、高齢者お一人様マーケットはかなりの規模である。

現在でも、お一人様をターゲットにした商品やサービスが多く、マーケットに投入されつつある。高齢化が進み、ますます単独世帯が増えていくなかで、そうした商品がスタンダードになっていくだろう。

たとえば総菜類は、すでに小分け商品が多数販売されており、スーパーの売り場では一角を占めている。加えて野菜や魚なども小分け販売が増えている。鍋用のスープの素なども一人用のものが店頭に並んでいる。それに連動するように、小ぶりな一人用鍋にも人気がある。それを使って冬には鍋を楽しむお一人様が増えているのだろう。

誰にも気兼ねなく、好きなものを好きなだけ食べられる消費スタイルは、寂しく孤独な時間ではない。一人だけのためのグルメの時間なのだ。

この例で重要なことは、お一人様に対応した商品ならば売れること、そのようなお一人様商品には、まだまだ開発の余地が残ること、である。事実、お一人様ラーメン、お一人様焼き肉などのサービスから始まって、お一人様カラオケやお一人様旅行も広がりつつある。一人だからこそ楽しめる娯楽として定着しつつあるのだ。

このように、「延長戦消費」は、それが社会に根付いていくと、後述する新しい文化にまで昇華する。そうなると、高齢者発の新しい文化が若者にまで普及していく。そうして消費全体が底上げされる。なぜなら、新しいビジネスモデルや新しい産業が成長するからだ。

企業にしてみれば、高齢者の「延長戦消費」をマーケットとして捉えていくのと同時に、若者世代にも将来の「延長戦消費」の種を育てていく視点が重要になる。そうした意味において「延長戦消費」は、若者から高齢者までをターゲットにして、再度、研究していくべきであろう。

高齢者が一日一〇〇円多く使うと

三つ目のシチュエーションとして、ＱＯＬ（生活の質）を高めるための消費、一歩上を行く大人の消費である「プレミアム消費」が挙げられる。これは、日常にありふれた消費行動ではなく、程度の差こそあれ、「より優雅なひと時」を過ごすための消費である。

これからの高齢者は、「自分へのご褒美《ほうび》」「夫婦で楽しむ時間」「気の置けない友だちとの遊興」など、様々なシチュエーションでプレミアムな時間を過ごすだろう。ますます重要になっていく消費である。

この「プレミアム消費」は、何も一時に高額な金を使うことを意味するものではない。普段の生活よりも「ちょっとだけ優雅なプチリッチ消費」も、この範疇《はんちゅう》に含まれる。「自分へのご褒美」なので、少し値がはっても、満足度が高ければ、それだけでＱＯＬは確実に高まる。身の回りの「小さな幸せ」を楽しむための消費、という一面もある。

このようなスタイルの消費が増えることで、消費額全体を押し上げていくことになる。このプチリッチな消費は、一回の金額にすれば数百円など、あまり大きくないかもしれない。しかし少額であっても、それが何回も積み重なっていけば、そして、そこに高齢者という大きなボリュームが加わっていけば、日本全体では巨額に達する。

たとえば、一日に一〇〇円多く使ったとすれば、月に三〇〇〇円、年に三万六五〇〇円になる。約三四五四万人の高齢者がそうしたならば、合計は一・二兆円だ。すると、二〇一六年の日本のGDPが五三七兆円なので、GDPの〇・二%を占める計算。一日に三〇〇円ならば、GDP比で〇・七%になる。内閣府によると、日本経済の潜在成長率が〇・八%と試算されている現在、この効果は大きいといえるだろう。

それでは、どのようなところに「プレミアム消費」の可能性があるのだろうか。以下、身近なプレミアムから非日常のプレミアムまで、その消費の奥行きに焦点を当てていく。

プチリッチ消費の大義名分を

プレミアムといっても、超高額な消費ばかりではない。超高額消費は、インパクトは大きいものの、頻度が低いため、必ずしも大きなマーケットに育たない可能性がある。そのため、頻度が高く裾野が広いマーケットとしては、日々の生活で少しずつ消費を増やすようなプチリッチ消費が重要になる。

次に、日常から少し離れたプレミアムな消費に焦点を当ててみよう。

高齢者になると、自由な時間が生まれ、自由になるお金も増える。そうなると、「元気なうちに旅行に行こう」と考える人が多いようだ。

旅行といっても、その幅は、実に広い。国内旅行から海外旅行、あまり人が行かないような秘境や世界遺産、あるいは世界一周旅行まで、色々なタイプがある。二〇三〇年を視野に入れていけば、「宇宙旅行」もありうるかもしれない。

旅行プランのなかで、一泊あたり一万円でも多く支払えば、ホテルや旅館がランクアップする。そんな一つ上のステージにしてみようかと思う。そうなると、「年に数回の旅行だからこそ」と、ランクアップもかなり魅力的になる。

「年をとってきたから、一日のスケジュールをぎゅうぎゅう詰めにするのではなく、ホテルや旅館での時間自体を楽しもう」という気持ちも膨らんでくる。そうなると、テレビの旅番組で出てきた有名な旅館に泊まってみたいと思うし、その周辺を「散策」という名のぶらぶら歩きもしたくなるだろう。

ここで重要なことは、そんなゆっくりした、そして本人たちが優雅だと思っている時間の過ごし方自体が、さらなる消費を生み出すことだ。

雰囲気のよい旅館の近くの喫茶店に行けば、普段は飲まない抹茶を飲み、高めの和菓子を食べることになる。そして、なぜか気になったお土産を買ってしまうことにも。雰囲気や時間を消費しているので、それらの行動すべてが一体的な消費になるのだろう。

また、インパクトが大きいのは、何年かに一回奮発して行う「プレミアム消費」だ。たとえば旅行ならば、クルーズ船で世界一周旅行、世界の秘境マチュピチュを訪ねる旅、あるいはJR九州の「ななつ星in九州」での九州縦断の旅などが挙げられる。二〇一七年、JR東日本が豪華寝台列車「トランスイート四季島《しきしま》」を、JR西日本は「トワイライトエクスプレス瑞風《みずかぜ》」を投入する。豪華列車の旅行が、さらに高齢者層に広がると見られる。

これら「プレミアム消費」は、日常から離れたものだ。そうであるからこそ、「しっかりと楽しんでおこう」という気持ちにもなる。言い換えれば、その時間のなかでは、ちまちまとした消費はしない、ということだ。回数は少ないかもしれないが、その消費インパクトは大きいのだ。

デフレが構築した消費スタイル

「プレミアム消費」の対象は何も旅にとどまるものではない。もちろん生活必需品もその対象となる。

バブル崩壊後のデフレ期において、生活必需品はかなり安く手に入れられるようになった。家電なども、その性能の向上と反比例するように、値段が下がっている。しかし、そのなかで価格を維持してきたもの、むしろ価格を引き上げてきた製品もある。

たとえばダイソンのサイクロン型の掃除機は、高価格帯にもかかわらず、市場を席捲《せっけん》した。またアイロボットのルンバの登場で、ロボット掃除機の市場が急拡大した。これらは比較的高価格帯にあるが、そのマーケット自体も拡大してきた。

また、サービスについても、同じような現象が起こっている。

一〇分一〇〇〇円でカットしてくれるQBハウスのような理容店がある一方、カットだけで二万円もとるカリスマ美容師の店もある。デフレのなか、「本当に価値があるものには、それに見合ったお金を支払う」「ただ安ければよいという時代は終わった」という、ある意味、当たり前の消費スタイルが構築されてきた。それが、「プレミアム消費」の根底にあるのだ。

もちろん、すべての高齢者がこのように消費するわけではない。高齢者数の増加とともに、生活保護世帯も増えている。高齢期は、それまでの人生の集大成であるので、所得面や資産面の多様化が進むからだ。

しかし、三四五四万人、日本人の四人に一人という高齢者のボリュームがものをいう。仮に、年に一％の高齢者がそうした消費をすれば、その数は約三五万人、五年に一度でも約七万人になる。そして、高齢者の一%が一回に五〇万円使えば約一七五〇億円規模の消費、一〇〇万円使えば約三五〇〇億円規模の消費になる。

社会を背負う若者を含めた現役世代は、こうしたマーケットを拡大させていく創意工夫や知恵が求められている。

老いとともに楽しむ消費とは

高齢者になったからこそ増える消費「高齢化消費」——それには二つの種類がある。

一つは、高齢期の日常生活を快適にするための消費、「老いとともに楽しむ消費」である。生活支援サービスや介護サービス、あるいはテーラーメイド食やスマイルケア食などを挙げることができる。

高齢者が買い物に行くのが億劫《おっくう》になる理由は、荷物が重いことや雨などである。米や牛乳をはじめとして、重いものを自宅まで運ぶのは骨が折れる。そのため、それらを玄関先まで運んでくれるサービスならば「利用したい」と思うだろう。買い物に行けば、季節の商品を見たり、新商品や新サービスを見つけたりするなど、色々な楽しみが発生する。そうした商品を買ったあと、荷物だけは届けてもらうのだ。

もう一つは、高齢期に健康を保つための消費。すなわち「目指せ！　ピンピンコロリ消費」だ。祖父母や親世代の介護などを目の当たりにして、健康の重要性を強く認識している人が多いからだ。

それら商品やサービスは幅広いものになる。そして、その商品やサービスを消費する段階で、いかに楽しめるか、それが重要なのである。

たとえば、かつて青汁《あおじる》は、健康によいことは分かっていても、苦みがあり、毎日飲み続けるのは難しかった。しかし、いまや商品の改良が進み、色々な栄養成分が追加されたうえに、味も改善され値段も安くなった。毎日飲むハードルは、格段に低くなっている。

カゴメやデルモンテの野菜ジュースなどは、飲みやすい味であるのはもちろんのこと、オレンジ、紫、緑などのパッケージで、見た目も楽しめるようになっている。いまは青汁も多くの企業が販売しており、すでに生活の一部になっている。

健康を保つための消費は、高齢者だけではなく、若い世代も対象になるだろう。そうした意味において、マーケットがさらに広がる。さらに若い頃から習慣化すると、先述の「延長戦消費」になるかもしれない。

このように、「高齢者だからこその消費」は、より幅広い視点から捉えていくことによって、その商機を勝ち取ることができる。

御用聞きもワンタッチで注文も

先述のように、ネットを活用した消費も増えるだろう。高齢者世帯のネットショッピング利用は進んでおり、二〇一五年には高齢者世帯のうち一三・六％がすでに利用している（総務省「家計消費状況調査」）。

これから二〇三〇年に向けて高齢者になる世代は、パソコンやスマホを通じてネットショッピングを使いこなしてきた世代である。そのため、これからの高齢者世代のネット活用の幅が広がることは間違いない。

それでは、どのような分野で消費が広がるのだろうか。実は、漫画の世界でしか見かけなくなった昔の「御用聞き」サービスが復活している。御用聞きとして人手を使っているものの、潜在的な需要を掘り起こしている。

デジタル時代、IT時代であるからこそ、人手が付加的な価値になっている。そうしたヒトとヒトとのつながりがコミュニケーションを生み、潜在的な需要を引き出すことにもなる。もちろん、潜在的な需要を引き出す側は、事前にAIなどの技術を用いて、消費者を分析しておくことが重要だ。IoTなどを駆使して、商品やサービスなどの需要予測をしておくのも前提条件である。

また、セブン‐イレブン、ローソン、ファミリーマートの大手コンビニ三社が、すでに移動販売を開始している。現在は、過疎地域を中心に、移動販売車が回っている。しかし都会であっても、「ラストワンマイル」を埋めるため、移動販売車の活躍の場は広がるだろう。買い物の足がない場合には、店自体が来てくれることも重要だ。それは、消費需要を引き出すツールにもなるからだ。

ただ現在の既存店にとっては、人手がかかるため、移動販売は採算が合わない可能性がある。しかし二〇三〇年に向け、技術進歩と、高齢化の進展による需要増加によって、採算性が向上することは確かだろう。自動運転技術によって町内を回ることも可能になる。

すでにスーパーでは、セルフレジで会計を済ませるところもある。移動販売でも同じように、セルフレジが活用できるだろう。そのとき懸念される犯罪については、ＡＩによる画像認識やセンサーなどを駆使。防犯も同時に行えるだろう。

また、ネットスーパーや通販に加えて、アマゾンダッシュボタンのように、すでに「ボタン一つ」で飲料や日用品を購入できるサービスも始まっている。冷蔵庫に在庫がなくなったら、ワンタッチで注文することができるのだ。こうして玄関先にまで必要なものが届く。もちろん、物流インフラなどの整備が必要であるものの、消費の可能性が広がることは確実だ。

ネットショッピングが拡大することによって、物流需要も拡大している。そのなかで、再配達が増えていることが問題になっている。再配達する分だけ人手が必要になり、コストがかかる。それに加えて、ガソリンなどのエネルギー効率やCO_2排出量などの問題も指摘されている。

しかし、二〇三〇年に向けて自動運転が活用されるようになれば、さらに高齢者需要を引き出すことになる。自動運転によって人手不足を補えるため、その分、コストの負担を軽減することができるのだ。

介護サービスロボットの市場規模

介護サービスも、見守りや生活支援など軽度の介護から重度の介護まで、その範囲は広い。医療と介護、生活支援サービスの垣根も、次第に低くなってくるかもしれない。その場合、介護保険外のサービスも普及することになる。

介護保険の対象外ではあるものの、旅行同伴や訪問介護などを充実させるサービスが広がりつつある。たとえば、介護技術と旅行知識を持ち合わせたトラベルヘルパーが、高齢者の旅行や外出をサポートするサービスである。また、入院中に一時帰宅するときの看護や生活支援サービスも登場している。

その他にも、たとえばSOMPOケアメッセージは、「在宅老人ホーム」というサービスを提供している。一日のうちの決まった時間帯にヘルパーを派遣し、食事など生活の介助をするサービスだ。サービスの裾野が広がれば、介護保険外サービスを含めた、いわゆる「混合介護」のマーケットも拡大する。サービスの範囲や料金設定などの課題はあるものの、こうしたサービスへの需要があることから、マーケットとしての拡大が期待される。

そのときに注目されるのが、ロボットだ。実際、介護を受ける際に「介護ロボットを利用してほしい」という声は、六五・一％にもなっている（内閣府「介護ロボットに関する特別世論調査」二〇一三年）。同調査によると、介護ロボットの魅力として、「介護をする側の心身の負担が軽くなること」（六三・九％、複数回答）、「介護を受ける人が自分でできることが増えること」（三五・八％）など、介護をする人、受ける人の双方にとってメリットがある。

また、介護のキーワードは、「自宅」である。地域での支えが広がるなか、やはり自宅が基盤となる場所なのだ。介護が必要になった場合、どこで介護を受けたいかと聞かれると、「自宅」（三八・二％）が最も多い（内閣府「団塊の世代の意識に関する調査」二〇一二年度）。そのためロボットは、自宅での生活支援として広がる可能性が大きい。

実際、介護・福祉分野のロボット市場規模のうち、自立支援（二〇一五年の一三四億円から二〇三五年の二二〇六億円）、介護・介助支援（同期間に三三億円から一八三七億円）が拡大するという見通しもある（新エネルギー・産業技術総合開発機構「ロボットの将来市場予測を公表」二〇一〇年四月二三日ニュースリリース）。同予測によると、健康管理分野のフィットネス（同一三七六億円から一八一七億円）や健康モニタリング（同五四億円から一四八〇億円）と、周辺分野も拡大すると見込まれている。実際、リハビリや歩行をサポートしてくれるロボットや、コミュニケーションやセラピー、あるいは見守りなど、用途は実に幅広い。

ロボットに加えて、現在進行中の第四次産業革命の技術が投入されることになるだろう。するとセンサーやデバイスなどを活用することで、家電などと連携し、より容易にロボットを使えるようになる。それまで重労働だった洗濯などの家事にも、ロボットのサポートが広がる。また、日々のバイタルデータを収集することで、それを医療や介護に活用できる。そのため、テーラーメイド医療、介護、予防医療によって、より健康な期間を長期化することができるはずだ。

そうした技術が、さらに介護や生活支援を円滑にしていくなかで、新たな需要を生み出すことになる。

介護食品の潜在ニーズは三兆円

より身近なところでは、食事に対する需要が大きい。現在、市販の介護食品の市場規模は一一〇〇億円と見られている（農林水産省「新しい介護食品（スマイルケア食）の取組について」二〇一六年三月）。

ただし現在、在宅療養患者である六九・八％に栄養状態の問題があるという（国立長寿医療研究センター「在宅療養患者の摂食状況・栄養状態の把握に関する調査研究報告書」二〇一三年三月）。そう考えると、潜在需要はかなり大きいと考えられる。

実際、農林水産省の計算方法に基づくと、介護食品の潜在ニーズは三兆円近くになる計算だ。これからの技術進歩を踏まえれば、健康診断やＩｏＴなどを駆使することで、機能性食品や健康食品などを、その人だけのためのテーラーメイド食に変えていくマーケットも拡大する。

もう一つ介護を後押しする要因がある。介護給付費は、二〇一五年の一〇・五兆円（ＧＤＰ比二・一％）から一〇年後には一九・八兆円（同三・二％）に増えると予想されている（厚生労働省「社会保障に係る費用の将来推計について」二〇一二年三月）。

需要も底堅いことに加えて介護制度の財政面を考えれば、費用をいかに抑えながら給付を拡充するのか、それが課題になる。そのため、介護サービスの成長には、多くの期待がかかっている。

「健康＋楽しさ」消費の内容

高齢期に関心が高まるのは、やはり健康についてである。同窓会になると、「病気と健康」の話題で盛り上がる。そうしたなか、「いかに健康であり続けるのか」への関心は高い。

もちろん、健康であり続けたいけれども、苦痛や苦労が伴うことはやりたくない、というのが本音だろう。実際、成人のうち週一回以上運動・スポーツを行う人は、全体の五割に満たない（文部科学省「体力・スポーツに関する世論調査」二〇一三年）。今後も、スポーツ基本計画（二〇一二年策定）では、週一回以上のスポーツ実施率を三人に二人（六五％）まで増やすことを目指している。

スポーツ観戦や体験などの消費につなげることで、健康増進とともに「楽しさ」も体験できる。たとえばゲームセンター。ダンスをしたり太鼓をたたいたりして体を動かすゲームが人気を集めてきた。また、二〇一六年に流行した「ポケモンGO」では、歩いて移動することがゲームの前提になっている。このように、遊びながら健康にも役立つものが増えはじめている。こうした取り組みを通じて、「ピンピンコロリ」を実現する。

潜在的な需要も実際にある。高齢期に行いたい社会参加活動として「スポーツ・レクリエーション活動」が三五％（複数回答）と、「サークル活動・仲間とおこなう趣味・教養」（四三・六％）に次いで多い（内閣府「高齢期に向けた『備え』に関する意識調査」二〇一三年度）。

もちろん、そのままでは需要として表に出てこないので、こうした動きを後押しする商品やサービスが必要になる。しかし、こうした分野の取り組みは、まだまだ緒についたばかりだ。地域コミュニティーに近い地方公共団体やＮＰＯ、民間企業などが参入していくことになる。

「新文化消費」とは何か

消費のシチュエーションとして、「新文化消費」も挙げられる。団塊の世代は、それ以前の世代に比べて新しい文化をつくってきたといわれることが多い。見方を変えれば、新しい消費スタイルや消費マーケットを拡大させてきたともいえる。

そこでは、「高齢者だから……」「いままではこうだったから……」などという発想は、何の役にも立たない。新しい文化をつくるのだから、前例などは存在しないのだ。

そこで新しい分野に切り込む勇気と知恵が必要とされる。新しい分野に挑戦する気概を持った人材が、何よりも重要になるのだ。

新しい消費スタイルが定着していけば、文化になる。マクドナルド、モスバーガー、バーガーキングなどのファストフードに始まり、ビートルズやカーペンターズのような音楽からファッションまで、現在の消費行動の土台には、そうした様々な革新がある。団塊の世代は、このような世界を切り開いてきた。団塊の世代だけではない。各世代が、それぞれ置かれた環境のもと、それ以前の世代とは異なる文化をつくってきた。それが「新たな形の消費スタイル」となってきた。

企業から見れば、そうした高齢者にうける商品やサービスを提案していくことが重要になる。そこではサプライズを演出するだけではなく、それが新たなトレンドや文化になるような仕掛けが求められる。

いまどきの高齢者や、これからの高齢者は、新しいものでも積極的に取り入れていく傾向にある。以前の高齢者像とは、まったく異なるのだ。

実際、雑誌、新聞、テレビだけではなく、口コミやネットなど、あらゆる手段を用いて、新しい情報を収集している。六〇歳以上では、一日のうち三時間以上をテレビ、ラジオ、新聞、雑誌などを使った情報収集に費やしているのだ（総務省「社会生活基本調査」二〇一一年）。これは現役世代よりも多い。子どもや孫などと遊びに行くための情報や、友だちとランチに行くための情報など、新しい情報を日々追い求めているのだ。

そんないまどきの高齢者だから、近所に新しい店ができれば一回は行ってみたいと思うし、話題のレストランだったら、どんなものか話のタネに食べに行ってみよう、と思う。常に情報を追い求めているのだ。こうした気質を持っているのが現在の高齢者なのだから、新しい商品やサービスを投入することこそが重要になる。

女子中高生より巨大な高齢者市場

二〇三〇年に向けて新しい技術が登場している。それが新たな需要をつくり出し、新しいマーケットを生み出す。

昔は自宅のレコードで聞いていた音楽も、ソニーのウォークマンの誕生で街中に飛び出すことになった。そうしてカセットテープに音楽を入れていたものが、いまではアップルのｉＰｏｄやスマホにダウンロードして楽しむ。技術が組み合わさり、それがさらに新しい技術に進化し、消費需要を喚起する。そうしてマーケットが大きくなる。

このような例は、これからも数多く出てくるだろう。そうなれば、生活スタイルが一変することも十分に想定できる。そして、そこには巨大な需要が生まれるのだ。

モノだけではなくて、生活スタイル自体も大きく変わってきた。たとえば現在では、あまり白髪を染めなくなった。ありのままを受け入れる生き方が評価されるとともに、人生の奥深さを大人として表現できる、そんな強みを高齢者が持つことが評価されるようになった。

しかし「年相応」といっても、消極的に過ごしたほうがよいということではない。年を重ねてきたからこその楽しみを見出すことが重要なのだ。

実際、高齢者のうち六九％は「おしゃれをしたい」と考えている（内閣府「高齢者の日常生活に関する意識調査」二〇一四年度）。しかも重要なことは、「おしゃれをしたい」という回答率が、一九九四年調査の四八・七％からこれまで年々上昇してきたことだ。「おしゃれ」に対する意識は、もはや高齢者のなかでプライオリティが高い。

つまり、ファッションは若者だけのものではない。かつて「ちょい不良《わる》オヤジ」が流行ったけれども、これまでとは異なるスタイルは、高齢者にとっても十分に魅力的なのだ。「かっこよさ」「かわいさ」は、年を重ねてきたいまだからこそ表現できるケースもある。二〇代や三〇代では到底醸《かも》し出せない大人のかっこよさを、高齢者が見せつける、これが重要なのだ。

人口規模から見て圧倒的に大きな高齢者のファッションマーケットを、無視することなど到底できない。女子中高生の需要よりも遥かに巨大なマーケットだ。

事実、女子中学生は一六六万人、女子高校生は一六四万人のマーケットに過ぎない（文部科学省「学校基本調査」二〇一六年度）。一方、二〇一六年一一月一日現在、六五歳以上の女性は約二〇〇〇万人、七五歳以上の女性は約一〇〇〇万人、九五歳以上の女性は約三七〇万人である（総務省「人口推計」）。圧倒的に、高齢者マーケットのほうが大きいことが分かる。

しかも、一人が使えるお金の大きさも、高齢者のほうが大きい。ただし、それまでの人生経験で目が肥えているため、生半可な商品では、まったく食指を動かさない。つまり、「本物」であることが前提条件なのだ。

その「本物」であり、かつ「かっこよさ」「かわいさ」などを追加した欲張りな商品への需要は底堅いに違いない。そうした感性に訴えていく商品やサービスを、いかに提供できるか、それが重要になる。このように、日本の消費市場で高齢者は、そのマーケットなくして考えられないほどの存在感を示すようになった。

高齢者が新しい文化を生み出すときの消費も大きい。

自分が「高齢者だ」と、おおよそ半分の人が感じるのは、七〇歳代前半である（内閣府「高齢者の日常生活に関する意識調査」二〇一四年度）。同調査によると、「支えられるべき高齢者」とは、八〇歳以上が三〇・五％、七五歳以上まで広げると五三・九％となる。きっと、七五歳以上になって初めて支えられるべき高齢者になり、それより前は支えるべき人々の側なのだ。

ここで重要なのは、新しい技術と新しい感性のマッチングである。これまでにないものであるからこそ、新しい文化となり、その後のマーケットも成長するのだ。

祖父母が子育てに参加して新消費

消費のシチュエーションとして、血縁によるつながりも重要になっている。その関係も、緩やかに変化してきた。

平成が始まった頃（一九八九年）には、三世代世帯が五六〇万世帯あり、全体の一四・二％を占めていた（厚生労働省「国民生活基礎調査」）。しかしその後、三世代世帯は減り続け、二〇一五年には三二六万世帯（同六・五％）と、少数派になった。一九八九年には夫婦と未婚の子からなる世帯が一五四八万世帯と全体の四割近くだったものが、二〇一五年には三割を切るまでになり、単独世帯が増えている。

この単独世帯には、高齢者の単独世帯が含まれている。ただし、高齢者単独世帯であっても、常に単独であるわけではない。もしかしたら、近所に子や孫がいる可能性があるからだ。

理想の家族の住まい方として、三世代の同居を望む割合は二〇・六％。これに対して、三世代の「近居」は三一・八％（内閣府「家族と地域における子育てに関する意識調査」二〇一三年度）。「同居するよりも、ご近所にいてほしい」というのが現状のようだ。また、男女ともに近所にいてほしいのは、自分の両親であると考えている。自分の親であるので気兼ねがないというのが実際のところだろう。

ここで、女性が夫に行ってほしい育児や家事とは何か？　同調査によると、「休日に、子どもを屋外へ遊びに連れていく」（七一・九％、複数回答）や、「ふだん、子どもの話しや遊び相手をする」（七〇・〇％）が多い。高い家事スキルやこだわりを必要としないことをやってほしい、というのが本音のようだ。

実は、そうしたニーズは、祖父母にも向いている。祖父母に期待する手助けとして、「子どもの話しや遊び相手をする」「子どもに自分の経験や知恵を伝える」「日常生活上のしつけをする」が上位に並ぶ。人として生きていくうえで、家庭で身に付けておかなければならないことを一緒に教えてほしい、と思っているのだ。

期待する手助けの四位以降になると、祖父母の役割は若干、変化する。祖母には「食事の用意」「子どもが病気のとき、病院に連れて行ったり看病したりする」ことを望む一方、祖父には「保育所・幼稚園等（日中預けている場所）の送り迎えをする」「子どもが病気のとき、病院に連れて行ったり看病したりする」「教育費以外の経済的支援をする（おもちゃ、洋服、外食、旅行などのレジャー等）」が続く。基本的に、祖母への期待が大であるものの、祖父への希望も小さくない。

つまり、子どもが小さいときには子育てのサポートをしてほしい、ということだろう。ここで重要なことは、一緒に子育てをしていくなかで生まれる新たな消費を考えることである。

親子関係も、子育てのなかで変わってくる。祖父と娘夫婦の関係が近く、「孫との時間を楽しみたい」祖父と、「子育てを手伝ってほしい」娘が、「親子からともに子育てする関係」になるという（電通「育G（イクジイ）調査」二〇一二年七月三一日ニュースリリース）。

祖父母が「孫育て」に参戦すると、孫の成長につれて、子育てニーズが変わってくる。祖父母の役割は保育園や幼稚園への送り迎えから始まるが、孫が小学校に入学すると行動範囲が拡大し、色々な分野に祖父母が進出することになる。

最近では、「ラン活」として定着しつつあるランドセルの購入。こだわりの一品のランドセルを手に入れるためには、ゴールデンウィークが勝負になりつつある。この時期は年々早まってきた。

こだわりのランドセルを買うためなら、「では、銀座まで行こうか」と考える。そして、「せっかく銀座まで一緒に行くのだから、色々と遊んでいこう」と思う……。

「ラン活」だけではない、運動会やお遊戯会など、ちょっとしたイベントを「ハレ消費」として、三世代で楽しむことになる。そこに消費拡大の可能性がある。

子どもが育っていき大人になると、親子関係が、対等の友だち感覚になっていく。これからの高齢者はスマホなどを使いこなし、最新の情報を入手している。そのため、お互いに情報や知識などを分かち合うことができる。そうした関係をきっかけとした消費の種が、至るところにある。

また、一人では気が引けることや、他人とはちょっとどうかと思うことでも、親子ならば実行できる。近所のレストランから始まって旅行まで、幅広く様々な「大人の消費」を楽しめる可能性が高い。

これまでは、母親と娘からなる「母娘消費」が注目されてきた。しかし、父親が育児に関わることが増えてきており、父親と子どもの距離が近づいている。距離が近いということは、お互いをよりよく知っている、ということだ。それゆえ消費の距離も近づく。「父娘消費」なども拡大することが期待される。

その関係は、親世代が高齢者になっても大きく変わることはない。つまり、親子消費の息は長いのだ。

以上のように、血縁関係を軸にして共に消費を行う「血縁共創消費」も、有望な消費の一つになる。

地縁と健康が同時に得られる活動

消費のシチュエーションを考えるうえで、地域との関わり、すなわち地縁が一つの軸となる。その社会活動のなかで関心が高いのは、「健康・スポーツ（体操、歩こう会、ゲートボール等）」（四四・七％、複数回答）、「趣味（俳句、詩吟、陶芸等）」（二六・三％）、「地域行事（祭りなどの地域の催しものの世話等）」（一九・一％）などである（内閣府「高齢者の地域社会への参加に関する意識調査」二〇一三年度）。同調査の「参加している活動」によると、特に、「健康・スポーツ」は、一九八八年度の一六・四％から右肩上がりに増えて二〇一三年度には三三・七％になっており、健康面の意識がこれまで堅調に育ってきたことがうかがえる。

参加するきっかけは、「友人、仲間のすすめ」（二六・四％、複数回答）が最も多いものの、それに「個人の意思（問題意識や解決したい課題をもつこと）」（一四・一％）が続く。つまり、高齢者は目的意識を持って積極的に地域社会に出ていることがうかがえる。その手段として参加している団体は、「町内会・自治会」（二六・七％、複数回答）、「趣味のサークル・団体」（一八・四％）、「健康・スポーツのサークル・団体」（一八・三％）がある。顔を合わせる機会が必然的に多い町内会、積極的かつ自発的に参加する趣味やスポーツ関連の団体の数字が高いのは、自然な流れだろう。

このように、居住地に基づく地縁が、消費拡大のきっかけになると考えられる。

地域社会に参加するためには、「健康であることが条件」と考える人が多いようだ。しかし、その一方で、地域社会に参加することで健康になれる、という考えもある。地域での奉仕活動やサークル・団体活動を行ったりすることで、他人と出会い、情報を交換し、手先や体を使う。そうなると、地域社会への参加と健康状態は、表裏一体の関係になる。

地域社会への参加は、趣味やスポーツだけではない。見回りや交通安全の活動、学童の登校の支援、街の清掃などと、実に幅広い。そうした種々雑多な活動をしていくためには頭を働かせる必要があるし、必然的に体も使うようになる。

そうなると、地域社会とのつながりと健康が、一石二鳥で得られる可能性が高い。

地域の信用創造で「地縁消費」を

こうして生じる「地縁消費」を底上げする仕組みとして、地域の「信用創造」がある。たとえば地域の奉仕活動について、「謝礼や報酬などは受けるべきではない」という考えが四三・三%を占めている（内閣府「高齢者の地域社会への参加に関する意識調査」二〇一三年度）。

実は、この回答割合は、一九八八年度には二七・五％に過ぎなかった。ボランティア意識の高まり、年金制度の充実などによって、地域奉仕をする心のゆとりが増えてきたことによるのだろう。

その一方で、「交通費などの実費」もしくは「日当」を受け取ってもよいと考える割合は、約五割で安定してきた。ただ現金で渡すことに抵抗感もあり、代わりにポイント制などを使う地域がある。地域の奉仕活動に参加するとポイントが獲得でき、そのポイントを地元の商店街で使えるのだ。いわば、地域の信用創造メカニズムともいえる。顔の見える範囲など、信頼感のある空間における信用創造である。

別の面から見れば、「共助」を効率的に取り込んだ社会システムともいえる。仮に誰かを雇えば、少なくとも最低賃金分だけの費用がかかる。しかし、信頼に基づく共助の一環として位置付けることによって、結果的に効率的なサービスを供給できる。

この活動は、あくまで自発的な参加である。だから、ブラック企業で行う労働とは、本質的に異なる。

こうした信用創造は、地元商店街での消費につながる。ポイント制はあくまで地元消費の呼び水に過ぎない。地元のよさを再発見して、それ以降の消費のきっかけにしていくことが重要になるのだ。

また年を重ねると、同窓会などの回数も増えてくる。SNSなどを活用して同級生を探し出すこともできる。連絡は、かつてよりもずっと取りやすくなっている。気の置けない仲間とのつながりが強まれば、「今度、旅行でもしよう」と、話が弾むかもしれない。それが、地縁を軸にした消費のトリガーになる。

生まれ育った地域に住んでいる友だちもいれば、離れて暮らす友だちもいる。双方の大人の視点から地域の捉え方を見直すことで、新たな消費も生まれるだろう。

また、「ふるさと納税」だけではなく、クラウドファンディングなどによって、生まれ故郷の企業育成に取り組むこともありうる。そうなれば、その企業が成功した暁には、地元の特産物を提供したり、企業の生産物を提供したりと、消費が加速する。公的な「ふるさと納税」だけではなく、民間部門での資金提供などの仕組みも、地域の信用創造の一つの形態といえるだろう。

地域社会への参加の楽しみの一つは、若い世代との交流である。同調査によると、五九・八%の高齢者が「若い世代との交流に参加したい」と考えている。一九九三年度には五四・六%だったことから、若干上昇していることが分かる。

もちろん、若い世代と高齢者は育ってきた環境が異なるため、共通の話題は少ないかもしれない。しかし共通の趣味があれば、話に花が咲くことは間違いないだろう。また、子育てや地域の安全などで、共通の問題意識を持っているかもしれない。そうした共通点を糸口に交流を増やしていくことが重要になるのだ。

そうなると、一緒にカフェやファミレスに行くかもしれない。また、本当に仲よくなれば、一緒に旅行やイベントに出かけたりするようになるだろう。そうした共通項から始まる消費が拡大する。

ただ、このような場で高齢者が時代の変化に気づかず、「自分はこうして成功した」などといっても、いまの世界ではまったく通用しないことが多い。そのため高齢者には、最近の流れを捉えておくための情報力が欠かせない。幸いにも、現在の高齢者はパソコンやスマホを使いこなせる。

このような「地縁共創消費」の高齢者マーケットも、ますます大きくなるだろう。政府や地方自治体に頼る公助だけではなく、地域社会で協力して物事に取り組む共助をきっかけに消費を拡大させていくことが、この消費の肝《きも》になる。

第三章　高齢者を起点として豊かになる現役世代

安心感を生み出すバランス感

ここまで見てきたように、高齢者の消費パワーには大きな可能性が秘められていることは間違いない。

しかし現段階では、この消費パワーが十分に発揮できているとは言い難い。つまり、潜在的なパワーはまだまだ残されており、それらを解放できれば、消費マーケットとしてさらなる拡大が期待されるのだ。

では、どのようにすれば高齢者の消費パワーを引き出すことができるのか。また、どのくらい高齢者の消費パワーはあるのだろうか。ここでは、そうした視点から、消費を引き出す仕組みや、高齢者の消費について考えてみる。

高齢者を含めて、消費が拡大していくうえでの前提条件は、「安心感」である。

高齢者の不安の種としては、病気や介護の問題、あるいはこれから何歳まで生きるのか分からないので医療費や生活費がどれだけ必要になるか読み切れないこと、などが挙げられる。

こうした費用の総額が分からないので貯蓄し続けなければならず、十分な資金を消費に回せずにいる。ということは、過度な不安感が緩和され、生活費などにある程度の目途が付けば、貯蓄を消費に回せるということだ。

それでは、どのように安心感を得るのか。重要になるのが、「公助・共助・自助のバランス」である。

ここでいう「公助」とは、公的部門や公的制度を通じた支え合いである。この公助では、民間企業や地域などが担えないことについて、国などの公的部門が代わりにサービスを提供する。たとえば、公的な医療・介護保険制度や、年金保険制度などが挙げられる。

また「共助」とは、地域や仲間たちとの支え合いのこと。これに近い概念として「互助」があり、ただ費用負担などが制度的に決まっていない。これには、ボランティア活動や町内会などの住民組織の活動が含まれる。

そして残りの「自助」とは、「自分のことは自分でする」というもの。自腹で商品やサービスを購入し、予防やセルフメディケーションなどを行うのだ。

この自助では直接的な費用負担の割合が大きく、所得の多寡がその商品やサービスのレベルを決める。それに対して公助では、保険料や税など間接的負担の割合が大きい。もちろん、税金が投入されているので、必要最小限の商品やサービスにとどまる。ただ、必要な人が等しく利用できるというメリットがある。

こうしたことを踏まえると、安心感を生み出すためのバランス感が重要だといえる。

社会保障は厚く税が少ない日本

医療、介護、年金などの公的な保険制度では、それを必要とする人が利用できるようになっている。その利用料については、窓口負担に加えて、医療・介護保険料では、所得に応じて支払い額が定められている。

年金保険制度も、厚生年金部分などを中心に、多く支払った人が多く受け取る仕組みになっている一方で、基礎年金部分は、すべての人に等しく支払われることになる。また、基礎年金部分の財源の半分は、保険料ではなく税収を充てることになっている。この年金保険制度には、障害年金や遺族年金などの制度も組み込まれている。

それぞれの人が負担できる金額を支払うことによって、お互いに最低限のラインまで、社会全体で支え合う、そのような役割を担うのが公的な制度である。

日本では社会保障制度の整備は、海外に比べても比較的早くから行われており、費用負担に比べれば、サービスも見劣りするものではない。たとえば日本の社会保障支出は、比較可能なOECD二三ヵ国のなかで一〇位に位置している（比較可能な二〇一一年の値。財務省「日本の財政関係資料」二〇一六年一〇月）。日本政府の社会保障支出のGDP比は二五・二%であり、トップのデンマーク（三二・八%）やフランス（三一・三%）などより少ないものの、ドイツ（二五・六％）、英国（二四・〇％）並みといえる。

その一方で、政府の社会保障以外の支出はGDP比で一四・八％と、二三ヵ国中最下位となっている。高齢化に対応し、公共事業などから社会保障に政策の軸がシフトした結果であろう。その一方で、政府の租税収入のGDP比は一六・八％であり、OECDのなかで日本よりも少ないのはメキシコ（一六・七％）、スロバキア（一六・三％）だけ。米国（一八・五％）よりも租税収入が経済規模に比して少ない国になっている。

その結果、財政赤字のGDP比はマイナス八・六％であり、財政危機に見舞われたスペイン（マイナス九・六％）やギリシャ（マイナス一〇・二％）並みの財政状況になっている。

こうした財政状況の悪化を背景に、将来の社会保障への懸念が払拭できない。このことから、公的な制度の持続性への不安が少なくない。

そこで忘れられているのは、欧州主要国に比べて費用負担が少ないことや、医療や介護の費用負担を削れば高齢者の医療・介護サービスが細る、ということ。十分でなくなれば、その分を子が負担しなければならない。公的な介護サービスが減らされれば、民間の介護サービスで不足分を賄うことになるが、費用負担は当然、本人や子による。すると、所得の多寡がサービスの内容を決めることになる。公的保険制度のように、所得の再分配機能も働かない。

次に、年金保険制度。日本では支払いが少ないので、そもそも多く受け取れるはずがない。にもかかわらず、高望みする人が多い。また、年金保険のモデル世帯は四〇年働き続けることが標準なので、それより年数が少なかったり、給料が平均よりも少なかったりすれば、受給額は減る。また自営業で、二階部分の厚生年金がなかったりすれば、やはりその分、受給額は少なくなる。

公的部門はあくまで最低限の部分を保ってくれるものであり、それ以上は別途用意しなければならない。こうした当たり前のことが忘れられがちだ。そのため、最低限のラインからプラスアルファを実現するために、「共助」や「自助」の分野、そして新たなサービスが必要になる。

あいポート仙田の支援活動の中身

日本ではこれまで、地域ではなく、企業による支えが大きな役割を果たしてきた。公的部門のカバレッジの狭さを補ってきたのが企業だったのだ。たとえば、企業の給与に含まれる扶養手当や住宅手当などがそれに当たる。また、右肩上がりの成長下、バブル崩壊以前には、毎年のように給料も上昇してきた。給料が上昇し続けるので、「今日よりも明日はよくなる」と信じることができた。そうして消費も拡大し続けた。

しかし、バブル崩壊後、企業はコストの削減を迫られ、諸手当や退職金などを減らしてきた。相対的に、労働者側の交渉力が弱い子会社ほど、そうした傾向が強い。このような会社には、「親会社にすら住宅手当などない」と嘘をついてみたり、有給休暇を週末の休業日と連続してとる際に土日も合わせて休日申請させるなど、悪質なケースが見られた。

一方で、アベノミクスが開始されるまでベースアップが忘れ去られていたように、賃金が右肩上がりで上昇することも考えにくくなった。バブル崩壊後にはリストラもあり、雇用環境は不安定化した。

このように、企業が担ってきた役割が重荷となり、十分に対応できなくなったことで、リスクは個人に転嫁《てんか》されるようになった。こうしたリスクに備えて貯蓄を増やすことが合理的になってきたのだ。

また、世帯の形も変化している。一九八六年には全体の一五・三％（五七六万世帯）を占めていた三世代世帯は、二〇一五年には六・五％（三二六万世帯）にまで減っている（厚生労働省「国民生活基礎調査」）。年金保険制度の拡充などもあって、祖父母や親世代と同居して生活を支え合うというケースも少なくなっている。そのため、自身の雇用・所得環境が直接的に、自分の生活に影響することになる。

こうしたなか、地域でのつながりが再度、見直されている。事実、二〇一五年六月に「まち・ひと・しごと創生基本方針二〇一五」が策定されるなど、地域運営組織が見直されており、二〇二〇年までに三〇〇〇団体を目指すという目標が掲げられている。全国で一六八〇団体（四九四市町村）あり、高齢者交流、声かけ・見守り、外出支援、配食支援、買物支援など、幅広い役割を担っている（総務省「暮らしを支える地域運営組織に関する調査研究事業報告書」二〇一六年三月）。

たとえば、同報告書で紹介されている新潟県十日町《とおかまち》市の株式会社あいポート仙田は、地区内唯一の店舗が撤退し、地区内の小学校が閉校、保育園も閉園するなど、地区の存続が危ぶまれるなかで設立された。主に、農作業支援、高齢者の生活支援、地区の生活環境の支援の三事業を行う。他にも鶴ヶ島第二小学校区地域支え合い協議会（埼玉県鶴ヶ島市）や特定非営利活動法人ほほえみの郷トイトイ（山口県山口市）のように、地域のニーズを満たすべく、地域で支え合う共助も広がりつつある。

ただし、このような組織では、財政基盤が弱かったり、リーダーなど人材が不足したりするなど、課題があることも事実。見方を変えれば、課題解決のニーズがあるのだ。

これから進歩する技術とともに、民間企業のノウハウを活用して共助を拡大していくことも、安心感の醸成には必要だろう。最低限のベースラインとなる「公助」、自分自身で支える「自助」、そのあいだを埋めるような「共助」のバランス感が重要になる。

バブル崩壊後の経済の低迷と、高齢化や人口減少という社会の変化のなか、それに合った社会のデザインが完成されていない。そうしたデザインを描く過程にも、民間企業のアイディアとノウハウが必要になる。

孫のためのNISAならリスクも

高齢者の消費パワーを拡大させるためには様々な方法が必要になる。たとえば、日本の家計の金融資産が現金や預金に偏っているという指摘は多い。そうしたなか、いわゆる「貯蓄から投資へ」というスローガンの下で、現金や預金から、株式や投資信託などのリスク資産へとシフトさせていくことが議論されてきた。

一般的に、リスクが低ければリターンも少ないのは当然のこと。それに対してリスクが高ければ、それに見合ったリターンが得られるケースが多い。そのため、金融資産の運用リターンを増やしたければ、リスク資産を増やしていくことが重要になる。ただ、現金や預金などの安全資産から、株式や投資信託などのリスク資産へとポートフォリオを変化させていくときには、それなりの動機が欠かせない。

それでは、どのような動機付けがありうるだろうか。高齢者が持つ金融資産を日本経済、日本社会全体で有効活用していくためには、どのようにしたらよいのだろうか。高齢者の消費パワーを顕在化させて、日本経済を成長させていくための方向性について考えてみたい。

まず、単に「株式や投資信託に投資してください」というだけでは、もちろん高齢者は金融資産を動かさないだろう。金融資産を動かすための大義名分が必要になるのだ。それでは、どのような動機付けがあれば、金融資産をリスク資産に動かすのだろうか。

最近注目を集めているものに、ESG（環境・社会・統治）投資や社会的インパクト投資などがある。詳しくは後述するが、一言でいえば、これらは企業の行動だけではなく、社会的な影響までも考慮し、そのうえで投資対象にしている。そのため、個人的なリターンとともに、社会的なリターンも期待できるので、一石二鳥となるのだ。社会に育ててもらった高齢者にとっては、十分な投資の動機付けとなるだろう。

リスク資産への投資を増やすことが長年の課題として掲げられているなか、しっかりとした目的のある信託商品には、根強い人気があるようだ。たとえばジュニアNISA（未成年者少額投資非課税制度）が挙げられる。これは、孫の学費などに充てるための投資優遇措置である。祖父母から見れば、孫の学費に充てられるという使途が明確なので、自らの資産をリスク資産へ投資するための大義名分が得られやすいのだ。

社会的メリットも投資リターンも

以上のように、投資を進めるためには、その理由がますます重要になっているようだ。こうした点を踏まえると、ESG投資や社会的インパクト投資も、動機付けになりやすい。

ESG投資とは、一般的に、環境（E：Environment）や社会（S：Social）、統治（G：Governance）に積極的に取り組む企業を選んで投資するもの。ここでいう「環境」とは、気候変動、森林破壊、生態系破壊、再生可能エネルギーなど、地球規模での環境への取り組みを指す。また「社会」は、顧客満足や従業員満足から始まり、ダイバーシティまで、企業を取り巻くステークホルダー（利害関係者）への影響を踏まえたもの。「統治」とは、株主との関係や役員報酬など企業経営に関わるものである。

ESG投資自体は、二〇〇六年に国連が提唱した「責任投資原則（PRI）」が機関投資家に広がったことや、リーマンショック後に長期的なリターンを重視する意識が高まったことも追い風になった。

また国内でも、政府が機関投資家に対してその行動原則を示した日本版スチュワードシップ・コード（二〇一四年二月）を、企業経営者に対しては同様にコーポレートガバナンス・コード（二〇一五年六月）を公表しており、さらに「日本再興戦略二〇一六」には「ESG投資の促進」などが盛り込まれている。

さらに、年金積立金管理運用独立行政法人（GPIF）がESG投資を取り入れる方針を示したように、こうした投資の動きは加速しつつある。

一方、企業でも、ＥＳＧの取り組みを進めている。日本経済新聞（二〇一六年一二月一七日付朝刊）によると、たとえば日産自動車がＥＳＧ専門役員を配置したり、エーザイがＥＳＧに特化した投資家向け説明会を開催するなどしている。ＥＳＧ投資の視点を事業展開に取り入れたり、取引先まで含めたサプライチェーン全体での環境対策に取り組むなど、大きな変化が見られる。

また一般的に、ＥＳＧ投資の視点から評価が高い株式銘柄は、相対的にＲＯＥが高く、価格変動が小さいことが知られている。そのため、リターンを得るための投資という観点からも、投資家にとっては魅力的なものになる。

こうした社会的なメリットと投資のリターンという視点から、ＥＳＧ投資は、現在の高齢者と現役世代に対して、ともに投資の動機付けを示してくれる。

社会的インパクト投資とは何か

ＥＳＧ投資に似た投資としては、社会的インパクト投資がある。これは財務的なリターンとともに、社会的、あるいは環境的なインパクトを同時に生み出すことを目指した投資だ（Ｇ８社会的インパクト投資タスクフォース国内諮問委員会「日本における社会的インパクト投資の現状二〇一六」)。

同報告書によると、国内の社会的インパクト投資は、二〇一四年の一七〇億円から二〇一六年には三三七億円へと約二倍に拡大している。

社会的インパクト投資は、二〇一三年六月のサミットで、当時のキャメロン英首相の呼びかけによって注目を集めたものである。概念としては、ESG投資よりも寄付に近いなど、営利企業の事業として参入が難しい一方で、あくまで投資として出資することを目的としている。

そのときには、NPOバンクや市民ファンド、クラウドファンディングなどを利用することもあるなど、新しい切り口が増えていく。NPOバンクは福祉・環境対策などを主な対象としており、NPOや個人に融資することを目的にしている。また市民ファンドは、寄付などを中心に市民の活動を助成する民間の取り組みである。

こうした背景には、少子高齢化に加え、注目を集めている格差問題がある。これらの解決に取り組むことが求められているのだ。

この点から見ると、社会的インパクト投資も、高齢者をはじめとして、投資を進めるうえでの動機付けになりうる。ESG投資に比べるとリターンの期待は小さいが、社会的な貢献度は高い。それが投資を後押しするだろう。

棚田オーナー制度の一石二鳥

国内のクラウドファンディングの市場規模は、二〇一五年度には三六三億円と推計されている（矢野経済研究所「国内クラウドファンディング市場の調査を実施」二〇一六年八月一九日プレスリリース）。また同調査によると、「貸付型」が全体の約八九％を占める。低金利によって預貯金金利に大きな期待ができないなか、その貸付金利も、クラウドファンディングを広げるうえでの魅力になっている。

クラウドファンディング自体は、二〇一一年の東日本大震災を契機に社会貢献などのプロジェクトが提案され、市場規模が拡大してきた。先述の調査によると、二〇一二年度の七二億円規模から二〇一五年度の三六三億円へと約五倍に拡大、二〇一六年度見込みでは四七八億円と、さらなる成長が予想されている。

クラウドファンディングのなかでも「購入型」は、将来への投資という側面が強いだろう。プロジェクトに出資することによって、その出資額に応じて商品やサービスなどを入手できる。プロジェクトが成功した場合に受け取れるので、先行販売（事前予約・販売）ともいえる。このケースでは、その商品やサービスを含め、プロジェクトを応援していきたいかどうかが重要な視点となる。

その他のタイプとして、出資に対するリターンを求めない「寄付型」のクラウドファンディングや、リターンとして配当などを得たり、株式などが発行されたりするような「投資型（ファンド型）」もある。いずれにせよ、そのプロジェクトの実施者と出資者の距離感が近いこと、場合によっては顔が見えることで、コト消費にもつながっていく性格を持つ。

必ずしもクラウドファンディングとはいえないが、出資を伴うコト消費も確実に広がりつつある。たとえば、高知県檮原町《ゆすはら》「神在居《かんざいこ》の千枚田」や千葉県鴨川市《かもがわ》「大山千枚田」の棚田《たなだ》オーナー制度などが挙げられる。

ここでは年間オーナーになると、田んぼの広さによって参加費を一定額支払う。そうして、田植え、草刈り、稲刈り、収穫祭などの行事に参加する。その間、地元の農家や専門家などから教えを受けたり、一緒に活動して交流する。そして最後は、田んぼで収穫したお米を受け取ることができるのである。

出資者から見れば、一連の活動に参加するので、それ自体がコト消費になる。また、その参加費が棚田の景観や環境の保全のために使われることになるので、社会貢献という意味もある。

このように、ベンチャー企業の応援、新規サービスの開発支援、環境保全など、クラウドファンディングの対象は広がっている。多くの金融資産を保有する高齢者にとって、その資金を社会のために有効活用したり、自分自身もコト消費を楽しんだりと、クラウドファンディングはさらに広がっていくことだろう。スマホやパソコンに慣れ親しんだ世代が高齢者となることも、そうしたトレンドを後押しする。

実物資産を流動化するための手法

資金の活用という点から見ると、実物資産の流動化に可能性があると考えられる。たとえば、「人生で一番高い買い物」といわれる住宅は、時として個人消費や投資の制約になっている一面があるからだ。

制約になっている理由の一つは、住宅ローンが重荷になっていることが挙げられる。住宅ローンがあれば、その分消費に回す資金が減り、消費や投資は抑制される。また住宅ローンがあれば、その分リスクを背負うことになるので、それに見合った安全資産を持ってバランスをとろうとする。

では実際に見てみよう。

まず、国土交通省「中古住宅流通促進・活用に関する研究会（参考資料）」（二〇一三年六月）によると、全住宅流通量（中古＋新築着工）に占める中古住宅シェアは、二〇〇八年に一三・五％に過ぎず、米国の九〇・三％（二〇〇九年。以下同）、英国の八五・八％、フランスの六四・〇％に比べてかなり低い。これから、いったん住宅を入手すると売却しにくいのが日本の特徴だと分かる。

また同資料では、日本ではリフォームも少ないことが示されている。二〇一一年の住宅投資に占めるリフォームの割合は、日本の二七・九％に対して、英国（五七・三％）、フランス（五六・四％）、ドイツ（七六・八％）と高い。リフォームが多くないので、中古住宅の価値が保たれないともいえる。

こうした中古住宅の流通が活発でないことを踏まえて、同資料には、「木造戸建は約二〇年で価値ゼロという『常識』」なる記載がある。つまり、住宅の資産価値が長持ちせず、またその中古市場もあまり活発化していないので、売却も難しい状況にあるのだ。そうしたことが、住宅保有者にとって潜在的な重荷になっており、消費を抑制している可能性が高い。

そんななか、高齢者の住宅資産の活用についての議論も活発化してきた。国土交通省の同資料には、大手金融機関の推計で、国内の主要都市におけるリバースモーゲージの潜在的市場規模として、五六兆円という数字が記載されている。成長の可能性は大きい。

このリバースモーゲージとは、自宅を担保にして銀行など金融機関からお金を借り、それを年金という形で受け取る制度である。高齢者は自宅を担保にする代わりに、融資を受けて生活資金を確保することができる。また、その生活資金の返済については、担保となる住宅を売却することによって賄う。お金を借りている契約期間中は担保となった自宅に住み続けることができるメリットもある。

この前提として、まず生活資金の融資を受けるだけの価値を住宅が持っていなければならない。また、住宅価格が低下すれば、生活資金として利用できる金額が減る恐れもある。地方では人口が減少しており、空き家が増えるなど、住宅需要はそれほど拡大していない。そうであれば、需給要因から住宅価格が低下しやすいこともあり、利用幅が限られることも想定される。

また先述のように、中古住宅の流通市場も、それほど発達していない。このため、住宅の長期的な価値を担保しながら、中古住宅市場の整備を進めると同時に、リバースモーゲージなどで固定資産の流動化を進めることが重要だ。中古住宅の育児・介護施設への転換なども欠かせないだろう。二〇三〇年に向けては、こうした取り組みを加速させていかなければならず、そこにビジネスチャンスがある。

また、欧州やアジアなどの海外では、日本と同じように人口減少や高齢化が進む。いち早く日本で確立した、こうしたビジネスモデルを、日本から輸出できる可能性もある。

そして、仮に住宅資産の流動化が進めば、人生で最大の買い物という重荷が下ろされることになる。リバースモーゲージなどによって生活資金を得られれば、その分だけ消費も増えるだろう。

シェアリングで企業の業績は

一方で、現在注目を集めているシェアリングも、見方を変えると「資産の流動化」であり、それが購買力の効率化を促す可能性がある。たとえば、駐車スペースの使用料が高いなど、自動車を維持するコストが高いと、その分、他の消費は伸びにくい。

一般的に、高齢者ほど住宅の保有率が高いこともあって、シェアリングのマーケット拡大には、高齢者の参加が欠かせない。言い換えれば、高齢者が資産から収入を得られるチャンスが広がっているのだ。そうしたシェアリングの対象は、有名なものとしては自動車が挙げられるものの、それだけではなく、家電製品、日用品、洋服などにも広がっている。

こうしたシェアリングのメリットが大きいことは確かだろう。まず、利用者から見れば、必要なときに必要なだけ利用できるので、購入するよりコストを抑えられる。その分のコストが浮けば、別の商品やサービスを購入できる。

一方で、企業にとってもメリットがある。売上高が減りそうな印象があるが、反対に増える可能性も大いにある。利用者が色々な商品やサービスを利用すれば、消費の幅が広がるからだ。

自動車のシェアリングでは、そのときの利用目的に応じ、自動車の大きさや種類を選択できる。また洋服も、普段着からフォーマルなものまで、用途によって選ぶことができる。コストが抑えられるので、購入する場合には選びそうもないものにも、気軽にチャレンジできる。使ってみて意外に気に入った場合、その商品を購入するかもしれない。企業から見れば、潜在的な顧客を発掘することができるのだ。

消費者との接点は、想像以上に、ビジネスにとって重要である。たとえば、「ふるさと納税」によって送られてきた地元の特産品などを知って、それが気に入って、今度はネットで注文するようにもなる。こうして顧客の裾野が広がる話を耳に挟んだことがあるだろう。

また、ネットと実店舗の双方を展開することによって、相乗効果を得ている例もある。それは、「ネットだけでは仕入れられない情報、その場だからこそ聞ける情報に基づいて、購入はネットで」という消費スタイル。ここで重要なことは、実店舗に製品の実物を置き、ネットだけでは把握することが難しい情報を提供していること。また、もともと気になっていた商品だけではなく、隣の商品などにも目が向く効果も得られる。

シェアリングはそのような接点をもたらし、消費の幅を広げていく可能性がある。

遊休資産を時間貸しすることも

さらに、固定資産の流動化という視点からは、遊休資産の活用も重要だ。

たとえば、有名な「Ａｉｒｂｎｂ（エアビーアンドビー）」は使っていない部屋を貸し出すことによって、家主は収入を得られる。その他、「ａｋｉｐｐａ（あきっぱ）」や三井不動産リアルティの「ｔｏｐｐｉ！（トッピ！）」では、使っていない時間帯の駐車スペースを貸し出すことができる。「昼間は通勤のために自動車を使っているので、自宅の駐車スペースが空いている」から、その空きスペースを有効活用することによって、収入を得るチャンスがある。

また、ＤｅＮＡのカーシェアリングサービス「Ａｎｙｃａ（エニカ）」は、使っていない時間帯の自家用車を貸し出すことで、収入を得ることができる。この場合、自宅から職場近くまで自動車で通勤して、それから他の人にその自動車を貸すこともできる。このように、遊休資産を時間貸しすることによって収入が得られる、つまり資産を有効活用できるのだ。

もちろん、たとえば部屋の需要なら、駅や空港など交通機関の近く、あるいは観光地が高いだろう。そうなると、シェアリングが普及することによって収益機会が増え、利便性の高い住宅や土地などの評価は、これまでよりも高まる可能性がある。

また駐車スペースなら、近くにスタジアムや観光地などがあることが前提。さらに、イベントなどがあるときに駐車スペースが空いていることも重要だ。このような立地条件や時間的条件が前提となるものの、効率的な資産活用の結果として、購買力が向上する可能性が広がる。

社会全体から見れば、駐車スペースが増えると路上駐車が減るというメリットがある。路上駐車が減れば、景観がよくなるだけではなく、トラブルや事故も減る。また、観光立国を進めるなか、ホテルなど宿泊施設が不足している現在、その宿泊能力を高めるためにも、Ａｉｒｂｎｂなど民泊サービスを活用することは重要だ。

こうした新しいビジネスモデルの発展には、ＩｏＴやＡＩのような技術進歩が大きな役割を担っている。利用者とサービス提供者、あるいは資産の所有者の、情報のやり取りを効率化することにも、新たな技術が生かされる。特にシェアリングなどでは、所有者と利用者の双方の信頼関係が重要になる。

たとえば、「きれいに使ってくれるのか」「近所や他の人に迷惑をかけないか」「シェアリングの対象になる資産の品質が保たれるのか」など、多くの懸念がある。しかし、これらは利用者とサービス提供者や資産所有者が相互に評価されるシステムによって解決できる。評判が芳しくない利用者や資産が排除されていくことになるからだ。

また、これらサービスを仲介する企業やビジネスでは、そうした「信頼の創造」が主要な役割となり、それが担保されないと、ビジネスとしては成り立たなくなるだろう。

企業は、これからマーケットでますます存在感を高める高齢者のニーズを、曜日や時間帯で十分検討して、シェアリングのためのビジネスを考えるべきだろう。

このように、超高齢社会で、生産者と消費者の相互のキャッチボールのなか、新たなビジネスモデルが生まれて、マーケットとして拡大していく素地はある。住宅などの保有率は高齢者のほうが高い。つまり高齢者は、そうした資産の保有者としてマーケットの拡大に貢献しながら、収入を得る可能性もあるのだ。もちろん、利用者として貢献することも当然のことである。

そうしたチャンスを捉える知識やノウハウを持った人材や企業を中心に、高齢者の購買力に加えて現役世代の所得も増えていく、そんな成長トレンドが生まれてくる可能性があるのだ。

高齢者マーケットの購買力の見方

先述したように、「公助」「自助」「共助」のバランスがとれると将来への不安が緩和され、安心感が醸成される。すると、高齢者の消費パワーが爆発する。

では、その高齢者マーケットとは、どのくらいの規模に成長するのだろうか。ここからは、その高齢者マーケットの規模について考えてみよう。

ここまで、一人の高齢者がシチュエーションに応じて何役もこなして消費の幅を広げる、すなわち消費額を増やしていく姿を示してきた。そのため、市場規模を考えるときの自然な流れとしては、シチュエーションごとの消費マーケットを捉えることになる。

しかし、一人が何役もこなすシチュエーションの規模を捉えていくことは難しい。そこで、高齢者像の見方を変えて、購買力サイドから高齢者マーケットの全体像を捉える方法をとってみる。購買力が今後どのくらいまで拡大すると見られるのか、その目途をつけることができるだろう。

では、購買力としては、どのようなものが重要になるのだろうか。

まず一つ目として、働いて稼ぐ所得が挙げられる。現役世代はもちろんのこと、これまでも見てきたように、高齢者の働く意欲は強い。しかも調査によると、「働ける限り働きたい」という意見が多い。働けば働いた分だけ所得も増えるので、購買力も高まることになる。企業側も労働力として高齢者に期待しているところがあるため、今後、働いて増加する所得への期待は大きいといえる。

二つ目として、年金が挙げられる。いまや、高齢期の生活資金のベースラインとなる公的年金の給付額は、五〇兆円を超えている。そのこともあって、購買力としての存在感は大きい。ベースラインを超える部分、すなわちＱＯＬ（生活の質）を高める部分については、企業年金や民間保険会社の年金商品などで対応していくことになる。これからは、ＤＣ（確定拠出年金）やＮＩＳＡ（少額投資非課税制度）などの利用も広がるだろう。

三つ目として、主に親世代からの資産の相続がある。相続によって得た金融資産や実物資産はそのまま保有し続けることもできるし、売却して生活資金に充てることもできる。人口が減少していくということは、生まれるよりも死ぬ人の数のほうが多い状態にある。そのため相続の問題が、これまで以上に大きくなる可能性がある。

その他には、住宅や自動車などの「固定資産の流動化」によって購買力を高めることが挙げられる。先述のリバースモーゲージを活用すれば、住宅資産を担保にして生活資金を得ることができる。また、自動車を保有するのではなく、必要なときに利用するシェアリングに変えて資産を流動化する。自動車を保有するコストを、それ以外の生活資金に充てることが可能になるし、時間貸しによって収入も得られる。

以下では、このような視点から、これからの高齢者マーケットの規模について考えていく。

働いて一〇兆円規模の所得増加

高齢者が働いて稼ぐと、どの程度の購買力、すなわちマーケット規模が生まれることになるのだろうか。

まず、高齢者はいつまで働けるのか。働くためには健康でなければならない。そのため、健康が労働の制約になる。健康寿命は、男性で七一・二歳、女性で七四・二歳と推計されている（内閣府「平成二七年版高齢社会白書」）。

その一方で、就労を希望する六〇歳以上の高齢者が全体の七一・九％を占めている（内閣府「高齢者の日常生活に関する意識調査」二〇一四年度）。そのなかには、働けるうちはいつまでも働きたいという人も多い。こうした高齢者が働きに出る可能性が高いだろう。

そこで、仮に、健康寿命の年齢まで働く人が増えると想定してみる。すなわち、六〇歳代後半から健康寿命の七〇歳代前半までの就業率が、六〇歳代前半と同じ水準にまで上昇する、ということだ。総務省「労働力調査」（二〇一五年）のデータを使って試算してみると、六〇歳代後半の就業率は、男性で二三・三ポイント、女性で一七・八ポイント上昇する計算になる。また、同じ想定によると、男性の七〇〜七二歳の就業率では五五・四ポイント、女性の七〇〜七四歳では四〇・一ポイント上昇する。その就業率の上昇を前提にしてみると、労働者数は男女合わせて四八三万人増える計算となる。

次に、この人々が現在の高齢者と同じくらいの所得を得られるとした場合に、どのくらいの所得になるのかを計算してみた。高齢者がフルタイムではなく、週に二〜三日だけ、あるいは一日六時間に労働時間を短縮したりすることも考えられる。すると短時間労働の場合には、性別や年齢によって異なるものの、高齢者の年収八八・四万〜一四八・四万円相当になる（厚生労働省「賃金構造基本統計調査」）。上記の労働者数と年収を年齢・性別ごとに試算してみると、高齢者の所得の増加額は五・八兆円となる。

その一方で、二〇三〇年までを視野に入れると、第四次産業革命に代表されるような技術進歩によって、フルタイムで働くことが可能になるかもしれない。また、生産性が向上することによって賃金が上昇する可能性も十分想定できる。そこで、フルタイムで働くケースについて想定してみると、その場合の年収は三〇九・五万〜三七二・〇万円である。増加する労働者数と年収を性別・年齢ごとに集計すると、高齢者の所得の増加額は一六・四兆円となる。

この結果、購買力の増加は五・八兆〜一六・四兆円（平均一一・一兆円）となり、一〇兆円規模の所得増加額が期待できるだろう。

相続も毎年五〇兆円規模に

高齢者マーケットを考えるうえで、金融資産や固定資産などの相続も大きな規模になっており、購買力として期待される。そこで、相続される資産の規模について試算してみた。まず、世帯別の資産保有額（総務省「平成二六年全国消費実態調査」）と人口動態（厚生労働省「人口動態調査」）の死亡者数を用いて、相続資産額を試算。ここでは世帯資産額のベンチマークとして、日本全体の資産額（内閣府「国民経済計算」）を用いて補正したものを利用している。

この結果、相続される金融資産や固定資産などの資産額は、日本全体で五〇・三兆円と試算された。これは資産全体であるので、借金などの負債を除いたネットベースでも試算してみた。その結果、ネットの家計の資産額は日本全体で四八・六兆円……この試算結果を踏まえれば、これからの高齢化の進展もあり、相続資産として五〇兆円規模の購買力を、高齢者が毎年得ていく計算になる。

もちろん、相続した資産をすべて生活資金に回すわけではない。実際、貯蓄の目的として、「生活維持」（二〇・〇％）、「豊かな生活・趣味」（四・六％）など、生活資金に充てる割合は全体の二五％程度である（内閣府「高齢者の経済生活に関する意識調査」二〇一一年度）。その一方で、「子どもに残す」（二・七％）は少数派の意見であり、大多数は「病気・介護への備え」（六二・三％）となっている。

こうした貯蓄の目的を踏まえると、五〇兆円規模の遺産のうち二五％は生活資金に回る可能性がある。それを前提にすると、相続をきっかけにした購買力は、一二・三兆円規模になる。

また一方で、病気や介護への過度な不安が緩和されれば、遺産など資産の八〇％以上の部分が生活費などに回る。そのため、生活費に充てる目的の分と合わせて、四二・二兆円規模の購買力になる可能性がある。

五〇兆円超の公的年金の購買力

年金の受給総額の規模は、非常に大きい。公的年金制度全体の年金総額は五五・二兆円となる（社会保障審議会年金数理部会資料「公的年金財政状況報告（案）」二〇一四年度）。同時期の雇用者報酬の二五九兆円と比べてみると、年金総額は雇用者報酬の二〇％超に相当する規模になっている（内閣府「国民経済計算」）。

このように、主に現役世代の収入に相当する雇用者報酬に比べて、年金の規模はだんだん大きくなってきた。これからも高齢化が進み、ますます年金の購買力としての存在感が増していく。

実際、年金給付額は二〇一五年度の五六・五兆円から二〇二五年度には六〇・四兆円へと、約四兆円増える見込みとなっている（厚生労働省「社会保障に係る費用の将来推計について」二〇一二年三月）。それ以降も同じペースで年金給付額が増えると仮定して試算してみると、二〇一五年から二〇三〇年までの年金給付の増加額は、約六兆円にも達する。

この年金の購買力を消費パワーに転換していくためには、お金を使いやすい社会的な安心感をつくり出さなければならない。その創意工夫の仕方によって、新たなマーケットの成長規模が決まっていくだろう。

一〇兆円規模の利子所得も

ゼロ金利が導入されてから、預金金利は低下している。それに伴って、預金金利などの財産所得も大きく減ってきた。

金利の代表的な指標として長期金利を見ると、一九九一年には六・三％あったものが、二〇一五年には〇・三五％にまで低下している。二〇一六年の一月にはマイナス金利導入が決定され、一時的に長期金利はマイナス圏にまで沈んだ。現在のところ、預金金利がマイナスに設定されることはないものの、一九九〇年代後半からこれまでの金利の低下で、受取金利が大きく減ってきたことは間違いない。

実際、家計（個人企業を含む）の一九九一年の受取利子は三七・九兆円だった（内閣府「国民経済計算」）。それが二〇一五年には四・一兆円にまで、三〇兆円以上も減っている。その間、利子所得を生み出す元になる金融資産はまったく減っておらず、むしろ一〇四四兆円から一六九六兆円へと、一・五倍以上に増えている。そのうち現金・預金も、五一一兆円から八九〇兆円まで増えている。つまり、仮に金利が一九九〇年代前半のような水準にまで回復すれば、受取利子は四〇兆円以上になると推定される。

二〇三〇年という将来を前提に考えたとき、金利が上昇して受取金利が増えることも十分に想定される。もちろん、その前提条件は、デフレを脱却して金融緩和の方向性が変わることであるが。

さらに、安全資産である現預金に加え、株式や投資信託などに資産を回すことになれば、期待収益率はより高まることになる。いわゆる「貯蓄から投資へ」のスローガンのように、現預金からDCやNISAなどの制度にお金が移る。より収益率の高い資産も、家計の資産ポートフォリオに組み込まれると想定される。そのため、金利がバブル期に比べて低いかもしれないが、利子所得など財産所得の収益率が下がり続けるということは考えにくい。

このような環境にあれば、兆円単位で利子所得が増えることになる。将来的には、再びこの利子所得が高齢者の消費パワーの一角を占めることになると期待される。

高齢者の消費効果は六二兆円にも

働いて稼いだ所得と、相続した資産などが原資となって、高齢者の消費額が増えることになる。すなわち、高齢者の消費マーケットが拡大することが期待される。高齢者の消費を起点としたマーケットの広がりは、それだけではない。それを起点に、若者や現役世代の消費が拡大して、全体としての消費マーケットが成長していく。そこに、日本企業と日本経済の成長の可能性がある。

そこでさらに、上記の試算を踏まえて、二〇三〇年という将来の時点で、高齢者の勤労所得（一一・一兆円）や相続（一二・三兆～四二・二兆円）によって購買力が増えたケース（二三・五兆～五三・四兆円）について、消費を起点とした高齢者マーケット規模を考えてみよう。ここでは、まず物価変動の影響を除いた「実質」の概念によって、経済産業省の「簡易延長産業連関表」などを用い、消費などの生産誘発効果などを試算している。

まず、その購買力の増加がすべて消費に回るわけではないことに注意が必要だ。通常、一定額は貯蓄に振り向けられるため、その残りが消費に充てられる。所得のうち消費に回る割合である「消費性向」を踏まえると、上記の購買力の増加による消費の増額は一四・四兆～三二・六兆円となる。

次に、その消費の増額によって、国内の生産活動が誘発される。言い換えれば、消費が増えた分だけ商品やサービスの増産をする必要があるのだ。この生産誘発額を計算してみると、増産の規模は二二・二兆～五〇・四兆円相当になる。この生産には、原材料や素材、半製品などの中間需要が含まれている。

また、増産をするために、設備投資が必要になる。たとえば工場に新しい機械を設置するだけでなく、劣化した機械設備の入れ替えなども想定される。その生産プロセスに付随する設備投資の増加額は、一・八兆～四・二兆円となる。

この生産プロセスに従事した人の所得が、その分、増える。企業が増産するため、工場の稼働率を上げる必要が生じ、残業や休日出勤で給料が増える。それに加えて、新たに人を採用するなど、人材確保が必要になる。つまり増産によって、雇用機会とともに雇用者所得が増えることになるのだ。

ここで重要なのは、この生産の主役は現役世代である、ということだ。すなわち現役世代を中心に所得が増えることになる。ここで、高齢者の消費を起点にした波及経路が現役世代にシフトするため、恩恵が現役世代に及ぶことになる。そうして現役世代を中心とした所得も六・〇兆～一三・七兆円増える。

その所得増によっても消費が増え、その分の増産も必要になるというロジックから、同じような生産誘発効果が生まれ、それに伴う設備投資が〇・五兆～一・一兆円ほど必要な計算だ。

まとめてみると、この波及プロセスにおける高齢者の消費、その生産プロセスにおける設備投資、現役世代の消費とその生産プロセスに付随する設備投資を合計すると、二九・〇兆～五四・九兆円となる。

また、仮に二〇三〇年に向けて一〇兆円の受取利子が増えると仮定してみよう。上記と同じ計算プロセスを当てはめてみると、受取利子で高齢者の購買力が増えることによって、その一部が消費に回る。その波及プロセスにおける高齢者と、現役世代の消費や設備投資などの合計は、八・六兆円となる。

さらに高齢化に伴う年金増加額が、二〇二五年から二〇三〇年の五年間についても、それまでの二〇一五年から二〇二五年までと同じペースで増えると仮定してみる。すると、二〇一五年から二〇三〇年までで、年金給付額は約六兆円増える計算になる。このケースでも同じように、波及プロセスによって生じる消費や設備投資などは、五・二兆円増える計算になる。

このような消費起点の高齢者マーケットは、合わせてみると、三六・三兆～六二・二兆円となる。もちろん、これからの年金額の増加や、投資収益が増えることによって、さらなる購買力の増加が期待できる。また、物価変動の影響を考慮した、生活実感に近い「名目」で考えてみよう。仮に物価が一％で上昇していくならば、二〇三〇年には、高齢者マーケットは四一・七兆～七一・五兆円になる計算だ。

さらに、より収益性の高い海外資産への投資や、金利の上昇などによって受取利子の増加もありうる。そうなれば、ここで想定した消費起点の高齢者マーケットは、さらに拡大していく可能性を秘めている。

高齢者関連の輸出の拡大

高齢者マーケットに関連することとして、輸出もある。たとえば、二〇一四年の医療機器の輸出規模は五七六七億円だった（経済産業省商務情報政策局「経済産業省における医療機器産業政策について」二〇一五年一一月）。世界の医療機器市場は、これまでのところ年八％の成長率を維持している。それが二〇三〇年まで続くと仮定すれば、医療機器の輸出規模は二・〇兆円弱になり、現在から約一・四兆円増えることになる。

輸出需要の増加によって、国内でその輸出商品を生産する影響を考えてみる。先述の生産波及プロセスと同じロジックを使ってみると、国内生産が増えることで、現役世代の所得・消費の増加などが期待される。それらの影響を合わせてみると、二・二兆円の効果があると試算される。

上記の輸出のケースは、医療機器輸出に限定している。実際には、それに加えて、生活用品やスマイルケア食などの食品、医療用・衛生用商品、生活支援雑貨などから始まって、介護サービスや生活支援サービスなど、幅広いものになる。そうしたなかでは、高齢者向けサービスのビジネスモデルも、大きく変化する可能性がある。

現在、企業は自動車産業を中心に海外に生産・販売拠点を展開しており、現地で使用しているノウハウやブランドなどから収益を得ている。それと同様に、高齢者向けビジネスやサービス業も海外に展開できるようになるだろう。

このように、商品、サービス、ノウハウなどの輸出がさらに拡大すれば、高齢者関連の輸出を起点とした現役世代の所得・消費の増加は、さらに期待されるだろう。

以上のように、高齢者を起点としたマーケット規模は、二〇三〇年に向けて、さらに拡大していく。

そこで重要になるのは、高齢者の消費パワーが解放されてマーケットが拡大していくことだけではなく、現役世代にも恩恵が及ぶことである。つまり、若者を含めた現役世代は、高齢者マーケットの成長をテコにして、自分自身も成長していくのだ。そのため、そうした視点で高齢者マーケットに切り込んでいく創意工夫がますます求められる。

第四章　超高齢者が変える日本の風景

高齢者消費が変える日本経済

高齢化は、これからの日本企業・経済にとって、乗り越えるべき課題であることは間違いない。しかし、ここまで述べてきたように、日本企業が収益を上げられないわけでもないし、日本経済が成長できないわけでもない。高齢化という課題を解決する商品やサービスが、大きなマーケットになるからだ。

課題に真摯《しんし》に取り組む人や企業にとっては、国内外に成長のフロンティアが広がっているように見えるだろう。つまり、高齢化をどのように捉えるのかは、その人や企業のモノの見方を反映しているといえる。

それでは二〇三〇年に向けて、企業は、高齢化によって拡大する消費需要をいかに受け止めていけばよいのか。それらについて、以下、企業や産業の視点からまとめていく。

さて、新たな技術と時代の変化を先取りして、山積する課題を解決するような商品やサービスを提案していくことができれば、高齢者の消費パワーをテコにして、若者を含む現役世代は成長していくことができる。二〇三〇年に向けて日本企業や日本経済は、どのような軌道を描いて進んでいくのだろうか。

新しい技術が普及することによって生活スタイルが一変したことは、いままでも数多くあったたろう。身近な例としては、携帯電話の普及によるライフスタイルや仕事の変化。たとえば友人との待ち合わせについていえば、事前に細かく場所を打ち合わせしなくてもよくなった。固定電話は自宅だけではなく職場でもなくなり、スマホが内線電話というところもある。そうなると、社員が会社に固定席を持つことも必要性がなくなる。ただ、内線を持ち歩きできて便利になる一方、プライベートな時間でも仕事に縛られるという側面もある。

第四次産業革命はどこまで世界を変えるのか、想像しがたい面があるものの、企業はそうした技術を着実に導入しつつある。また、二〇一六年は、ＶＲ（仮想現実：Virtual Reality）やＡＲ（拡張現実：Augmented Reality）元年ともいうべき年になった。普及はこれからであるものの、そうした夢のような世界が現実になりつつある。

また、テレビコマーシャルでもおなじみの自動運転技術は、二〇二〇年代に大きく広がっていくだろう。現在、企業が研究開発に取り組んでいる技術が、二〇三〇年にかけて商品化、サービス化されることになる。

製造業も物流も変わる

まず、将来の企業の生産プロセスを想像してみよう。現在進行中の第四次産業革命が普及することによって、工場間がＩｏＴで結ばれる。製造プロセスや接客サービスが、画像センサーなどによって情報化され、ビッグデータとして収集される。それらはＡＩによって解析され、その結果が再び工場や顧客サービスに戻される。こうして生産の効率性を改善していくのだ。

また、生産プロセス自体にも変化が見られるだろう。すでに３Ｄプリンターなどの進化もあり、生産プロセスに変化の兆しが見えている。簡単な製品であれば、工場ではなく、たとえば自宅やオフィスでつくれる。３Ｄプリンターを設置する場所さえあればいいのだ。将来的には、その場でのオンデマンド生産も実現する可能性が高い。

それらを組み合わせて、ネット経由で商品の設計図を購入し、自宅などで簡単に生産できるようになる。工場では、それら新しい技術を活用する一方、ロボットによる自動化も増える。結果、力仕事などの作業に必要な人手は確実に減る。そうした人手を節約できる分だけ、他のタイプの仕事、知恵や経験を生かすような仕事が重要になる。こんな仕事の分野では、高齢者も大いに戦力として活躍するだろう。

また、サービスも大きく変わる可能性を秘めている。そうであれば、これまでサービスの制約と見られていたことも、低減される可能性が高い。たとえば、ＶＲなどにロボット技術を組み合わせることで、自分の分身（アバター）として、遠隔地でのサービス提供も可能になる。人手や顧客対応などを必要とする様々なサービスに応用することが考えられる。

このようなサービスの変化は、これまでの制約を超える。サービスには、「時間」と「空間」という制約があることが知られている。サービスを生産する人と、消費する人の両方がいるからこそ、サービスを提供できる。そのため、サービスの生産と消費の時間が一致していること、また生産と消費の場所（空間）が一致していることが制約となってきた。

しかし、先述のような新たな技術を活用していくことによって、これらの制約が外れることになるので、サービス業の生産性が劇的に高まる可能性がある。自動運転が普及すれば、人件費がかからない分だけ配送や輸送などのコストも低下する。自宅までのラストワンマイルの配送や再配送の問題も解決する。

副業も当たり前に

働き方も、必然的に変わってくる。新しい技術を取り入れていくことによって、高齢者や女性など、これまで補助的な役割を演じてきた人たちが、主役として活躍するようになる。

たとえばロボットを活用すれば、その分力仕事は必要なくなる。介護の分野でも、介護補助ロボットを活用していくことが期待されている。ＡＩを活用すれば、電話での顧客対応のサービスなど、単純な判断については効率化できる。そうなれば、力仕事や単純作業を他人任せ（ＡＩやロボット任せ）にできるので、人が対応すべきことに注力できる。その結果、全体としてサービスの質を向上させることができるし、人手の節約にもなる。

そうなれば、高齢者も働きやすくなる。そもそも目一杯働こう、などとは思っていないのが高齢者なので、都合がいい。また子育てや家事を考えれば、男女で役割分担を明確にできるようになる。父親が月曜日から水曜日まで働いて、母親が木曜日から土曜日まで働く、などという分担もできる。生産性が高まった分だけ所得も増えているはずなので、これまで以上にワーク・ライフ・バランスが向上する。

さらに、副業を始めたり、フリーランスとして働くことも想定される。週二日の勤務で済むならば、二〜三社で働くこともできる計算だ。それぞれの会社で、得意な分野で力を発揮できるようになるだろう。

一方、人手不足のなか企業も、副業を認めなければ優秀な人材を確保できなくなる恐れがある。現在でも、すでに副業を容認するだけでなく、さらに後押ししてくれる企業もある。複数の企業で異なる視点で働けば、自社にフィードバックして相乗効果を生んでくれるかもしれない、そう期待してのことだ。そうしたメリットを引き出すためには、むろん管理職の役割が重要になるだろう。

以下、超高齢社会に対応する産業のなかでも、成長のために重要な分野について述べる。キーワードは、①食、②住、③移動、④ヘルスケアである。

生きていくために必要なもの、その第一に挙げられるものが「食」だ。

これまで見てきたように、高齢者になっても肉は食べたいし、ハンバーガーも食べたい。これからは、そうした食事に慣れ親しんだ世代が高齢者になるのだ。

しかし、それだけで満足しないのも事実。「おいしさ＋健康」でなければ、売れない。

たとえば特定保健用食品（トクホ）、日本コカ・コーラの「からだすこやか茶W」やサントリーの「伊右衛門特茶」のようなお茶が発売されている。お茶自体にはカテキンが含まれるなど、殺菌作用のあることが知られている。もともと健康的な飲み物であることに加え、プラスの魅力をアピールしている。キリンの「メッツコーラ」やサントリーの「ペプシスペシャル」なども、健康に配慮する商品として販売されている。

また、お菓子は健康に悪いイメージがある。しかし、ロッテの「乳酸菌ショコラ」や森永製菓の「ビフィズス菌チョコレート」などのように、健康面を視野に入れた商品がマーケットに投入されている。カカオ成分を多く含むチョコレートやココアがすでに根付くなど、「おいしさ＋健康」を手に入れる環境が出来上がりつつある。もちろん、主食も例外ではない。たとえば低糖質パンが販売されており、コンビニなどでも手軽に購入できるようになった。

こうした流れが今後、さらに加速すると見られる。「おいしいだけでは飽き足らない」と、消費者の求める水準はますます高くなっていく。そのなかで、目の肥えた高齢者は、その先頭に立っている。ちょっと割高な商品やサービスであっても、健康にいいという大義名分があれば、買ってくれるのだ。そうした「おいしさ＋健康」という付加価値が、健康が半ば趣味ともいえる高齢者の食生活を支える。

ニュータウンでも高齢者パワー

また商品だけではなく、食生活支援というサービスも重要になる。これは、何も生活支援サービスや介護サービスなどという仰々《ぎょうぎょう》しい名前のものである必要はない。食に関連した、ちょっとしたアシストとなる追加的なサービスが必要になるのだ。スーパーの小分けした惣菜や、一人用の鍋セットなどがそれだ。当然、野菜売り場には、鍋用のスープの素も売っている。日々の献立を考えて、それを店が売り場でアシストしてくれているのだ。

それだけではなく、家電製品なども、すでに大きく変化している。パナソニックの「Ｂｉｓｔｒｏ（ビストロ）」やシャープの「ヘルシオ」などの電子レンジ。単に食品を温めるだけではなく、ネットと接続して調理方法を検索・設定できる。あるいはクラウド上のＡＩ

が、使用履歴や季節などをもとに、お勧め料理を提案してくれる。これは、家事サービスを提供するものともいえる。

つまり、商品を売り切るだけではなく、購入後に「その商品をどのように使っていくのか」「より便利に使うにはどういう工夫が必要なのか」などを提案するのが重要なのだ。AIなどを活用して高齢者のニーズに合わせた「オーダーメイド色」を強めたり、新しいレシピをアップデートしたりする……こうしたことがサービスの前提条件となるだろう。

また商品には、買ってから追加的な費用を必要としないものもあれば、追加的なサービスが必要になるものまで様々なものがある。ただ価格に見合ったサービスを提供していけば、顧客が離れることはない。

商品を使う環境だけではなく、どのように生活しているのか、個々の高齢者のライフスタイルを勘案《かんあん》した提案が欠かせない。復活しつつある「御用聞き」も、そうした生活支援サービスを合わせることで付加価値を高めている。一食分ずつ小分けにした宅配弁当も、家事を減らすサービスの一環ともいえる。

また、スーパーなど小売店も変化していく。すでにシニア向けのサービスを展開している。たとえばシニア向け特典付き会員カードに加えて、一時期話題になった早朝からの開店などのサービスは、ますます多角的になっている。東京都江戸川区のイオン葛西店は、四階のフロア全体をシニア向けにした「G．Gモール」を展開している。かつてはファミリー層がターゲットであったものの、地域社会の高齢化に伴い、ターゲットをシニア層にシフトさせた。また、会員カードは店舗内だけではなく、近隣店でも優待サービスなどに使える。

ニュータウンとして開発を進めてきた住宅地では、住民の高齢化が進んでいるところが多い。そうした地域では、顧客としてのメインターゲットは、必然的に高齢者になるだろう。そうなると、大きな視点からは、街づくりをどのように変えていくのかということも、視野に入るようになる。

技術的な後押しもあって、それもより実現しやすくなっている。

成長のカギを握る農林水産業

日本では高齢化が進む一方で、世界を見渡せば人口はますます増加し、食料需要は確実に拡大する。その半面、健康など質を求める海外の高齢者も増えるだろう。

観光面で見れば、体験型の農作業などの「コト消費」が人気を集めている。日本に来なければ体験できないこと、それが観光の売りになる。モノであれば、越境ＥＣ（電子商取引）などで買えるが、体験は、日本に来なければできない。

こうしたことを踏まえると、日本食の素をつくり出す農林水産業には、成長の可能性がある。品質で勝負し、加工プロセスまで改善し、高齢者を中心とした消費者の需要を取り込んでいく。そうすれば、輸出も拡大するだろう。海外では、日本食ブームもあって、日本の食材への関心が高まっている。たとえば山梨県産のワインや米どころ秋田県の日本酒など、その品質はすでに世界が認めている。

また高齢化に伴う人手不足も、農作業補助ロボットや装着型ロボットが補うだろう。さらに、データを収集して、長年の経験や勘に頼る農作業から、データに基づく農作業に変わるだろう。

もちろん、無農薬栽培や有機栽培などがブランド力を持っているように、伝統的な方法で生産したものも、ブランド価値を確立できる。全体として農林水産業は、製造業からサービス業の分野まで裾野を広げ、成長していく。

その他にも、野菜は工場で生産されるケースが増えるだろう。そうであれば、都市部のビルでの生産が可能になる。それによって輸送コストが下げられるうえ、採れたて野菜の消費も増えるだろう。野菜工場近くのレストランで、サラダとして提供されることも想定される。

高齢化が進み、人口が減ることもあって、コンパクトシティなど、街づくりやネットワークづくりのあり方も議論されている。そうしたなか、都市近郊やビル内でも、農業に力を入れる地域が出てくるはずだ。

また、漁業従事者が高齢化に伴い減少しているなか、養殖の需要は増える。廃校となった学校を利用して、魚を育てる取り組みも、もっともっと行われていくだろう。

農林水産業は、高齢化の日本にあって、現在とは異なる姿に進化する可能性が高い。

青森市や富山市の取り組みは

高齢者の消費パワーを顕在化させるための二つ目のキーワードは、「住」である。

高齢化は、地方だけではなく、都市部でも例外なく進む。そうした高齢化に適した街づくりや社会デザインが必要になる。

一九六四年の東京オリンピックの頃に建設されたビルや、道路、橋などの社会インフラは、すでに更新時期を迎えている。実際、東京の一部では、再開発が相次いでいる。

そこで重要なことは、同じようなものをそのまま建築し直すことではない。せっかくつくり直すチャンスがあるなら、将来を見据えたデザインにしていかなければならない。経済が成長するためにも必要なのだ。

都市部は当面、地方から人口流入が見込まれるものの、これまでの人口集積の結果もあり、これから急速に高齢化が進む。もちろん高齢化したからといって悲観する必要はない。

高齢化に合った街づくりに転換するからだ。

たとえば青森市や富山市などのコンパクトシティへの取り組み——公共交通機関、商業施設、病院、そして住宅地の配置が重要になる。街づくりの中心に人が流れ働く場所を想定し、電車やバスなどの公共交通機関を設計する。そして、高齢化で需要が拡大する医療や介護などの施設を中核に据える。加えて、自動運転バスやタクシーなどによって住宅地などを結びつける。また、地震など災害の観点からも街づくりを考えなければならない。

さらに街づくりにおいて重要なことは、「働く場所」と「生活の場所」のバランスをどのようにとるかである。一般的に、若い頃は職場の近くに住みたいと思う一方、年齢を重ねると職場から離れたところに住みたいと思うようになる。若い頃には、ワーク・ライフ・バランスなど二の次である。

しかし、人手不足のなかで働き方改革が進めば、ワーク・ライフ・バランスがとれるようになる。そうなれば、若者が郊外で生活することも増えるだろう。また、空き家などの中古住宅市場が活性化すれば、手頃な価格で都市部に住宅を求められる可能性も広がる。すると通勤時間が短縮され、生活の質も向上する。通勤という負担が減れば、高齢者も働きやすくなるだろう。

また個人の住宅なら、ライフスタイルに合わせて住み替えていくことが増えるかもしれない。たとえば子どもが巣立った後の家は広すぎる。高齢期にはそれに合った家が必要になるだろう。

ただ、住宅が価値を保ち続けることが大前提になる。先述のように、日本の木造住宅は二〇年程度で価値がほとんどなくなってしまうので、売買が難しくなる。言い換えれば、中古住宅市場が発達しにくい状態にあるのだ。

現在、耐震性などの面から優良な住宅ストックを増やし、中古住宅市場を活性化させようという取り組みが進められている。その一方で、空き家問題も深刻化している。やはり、リフォームなどを通じて住宅の質を高めて維持することが必要だし、そこにビジネスの機会があある。

先述のように、固定資産を流動化させることによって、収益を得る機会が増えるだろう。民泊のＡｉｒｂｎｂや駐車場を貸すａｋｉｐｐａなどで提供されるサービスは、新しいタイプの住環境サービスとして発展する可能性を秘めている。こうした動きが活発化すると、資産価値の算定も大きく変わるだろう。そうしたシェアリングサービスで上げられる将来の収益を現在の価格で評価し直したものが、資産価格といえるからだ。

そうなると、空き家のまま放置するのか、何らかの手段によってシェアリングするのかによって、住環境やコミュニティーが大きく変わる。もちろん、個人では取り組むことが難しいのは事実だ。つまり、そうした資産保有者と利用者を結び付けるサービスが、さらに拡大することになるだろう。

規制の問題や安全など、乗り越えるべき課題は多い。しかし、課題が多いことと将来的に成長しないことは、まったく別の話だ。むしろ、課題が多いからこそ、その岩盤規制などを打ち砕いていけば、成長フロンティアに辿りつけるのだ。

コミュニティーの再起動は民間が

高齢者の消費が増える可能性があるシチュエーションとして、地縁に関係する消費が今後の成長のカギを握ることを示した。この地域コミュニティーをどのようにつくっていくのかを考えると、むしろ非営利団体や民間企業の役割のほうが大きくなる。

たとえば、同じ趣味を持つ人のシェアハウスなどの人気は高い。一軒家ではなく、数十軒以上のマンションがシェアハウスとなっている。それ自体が小さなコミュニティーともいえる規模だ。「同じ趣味」という共通の話題があるからこそ、初めて会った人とも話しやすい。共感が得られやすい話の糸口が常にあるからだ。

また、そのようなシェアハウスでは、住人の年齢層も幅広く、まったく新しいコミュニティーを形成している。世代が異なると価値観なども異なり、コミュニケーションもとりにくいが、共通の趣味があれば十分にコミュニケーションをとれる。お互いに教え合い、楽しむこともできるのだ。

かつてのニュータウンは、すでに高齢化が進んでおり、居住者も減っている。また、空き家も増えている。それらをリノベーションし、新たなコンセプトで街づくりやネットワークづくりをすれば、コミュニティーを再構築できる。そしてこのとき、民間企業こそがビジネスとしてのコミュニティー創造を実現するべきだ。

「住」という視点から見ると、まだまだ超高齢社会に十分に対応できていない。それはすなわち、成長の可能性が大きいということだ。

電車のようなトラックの車列で

高齢者消費の三つ目のキーワードは「移動」だ。特に地方では、人口減少によって採算がとれなくなり、公共交通機関としてのバスや電車の廃止が相次いでいる。自治体が運営するコミュニティーバスが運行している地域があるものの、役所と病院を結ぶ路線などが中心で、利便性の点では問題がある。

そうした地方では、マイカーが主な移動手段として活躍している。しかし、ある程度の高齢になると運転が難しくなり、移動が困難になる。すると高齢者には、買い物や病院に行くための足がなくなる。日常生活に支障をきたす恐れもある。そこに新たなビジネスのチャンスがあるのだ。

公共交通機関が比較的発達している都市部でも、同じように、移動は大きな問題になりかねない。しかし、こうした構図は、これからの自動運転技術によって大きく変わる可能性がある。

自動運転であれば、運転手を必要としないため、人手不足という地方が抱える問題を軽減できる。また、運転手という人件費が不要となる分、コストが浮く。それだけ安くサービスを提供できるのだ。

また自動運転の普及で大きいことは、これまで「自分で運転するのは……」とためらっていた人でも、購入したらすぐに活用できることだ。そうなれば、自動車整備や自動車保険などのサービス需要も拡大する。

このように、買い物などに行くための「移動需要」がなくなることはない。むしろ、これからさらに増える可能性がある。なぜなら、アクティブに生きる人、ピンピンコロリを目指す人が増え、積極的に外出するようになるからだ。そのための移動の足は欠かせない。配送などの物流でも、ドローンも含めた自動運転が急増するだろう。

配送についていえば、工場や空港や港湾から物流倉庫へ向かう輸送がある。そのときトラックの車列の先頭には人が乗っているかもしれないが、後続車両は自動運転によって、あたかも電車のように連なって走るだろう。そうなれば、少ない人で多くの商品を運ぶことができる。

このように移動の需要は増える可能性が高い。高齢者需要の拡大のためにも、こうした課題を研究するべきだ。そして、こうした需要動向をつかんでいれば、自動車販売が減少していくこともない。

ただし、自動車の形自体は大きく変わっている可能性が高い。買い物の足となる車であれば、それほど大きな車は必要ないからだ。また、ラストワンマイルを配送するための自動車も同様である。

そうなると、超小型モビリティなどが重宝されるだろう。雨風をしのげて、重い荷物を載せるスペースもあり、二人くらい乗れるような車……そんな自動車の需要が増えるのではないだろうか。

すると、保険など金融商品の形も変わる。自動運転によって交通事故などは減ると想定されるからだ。また、個人が保険をかけるのか、シェアリングなどで自動車を保有する企業が保険をかけるのかなど、保険などを取り巻く環境も変わる。そうした環境変化に合わせた金融商品を開発していけば、そこには新しい形の需要が生まれる。

IOTによるオーダーメイド医療

さて、誰でも健康でいたいという思いは強い。働けるうちはいつまでも働きたいと思う人が多いが、健康なくしては何事も進まないからだ。

こうしたニーズを受け止めて成長していく産業は、ヘルスケアサービスだ。この分野は多岐にわたる。有名なところでは、iPS細胞を利用した再生医療や、遺伝子治療などの先進的な医療がマーケットを拡大させていくだろう。

また、その他では、薬局で販売される一般薬を利用したセルフメディケーションのマーケットも拡大するだろう。街中の薬局やドラッグストアで、健康相談サービスなどを受けられるようになるのだ。

健康食品の消費もますます増えるだろう。これからは健康食品のオーダーメイド化が進み、より効果的なものになる。そのときには、もちろん専門的なアドバイスも求められるようになる。

一方で、医療や介護などのサービス拡大は、国の財政負担になる。ただでさえ、財政状況が悪い日本において、より効果的なヘルスケアが必要だ。

すると、医療や介護からセルフメディケーションなどへと、周辺産業の拡大が期待される。高齢化によって需要が拡大することも大きい。

これまでの医療や介護では、病気になって初めてサービスを利用するといった傾向が強い。そうではなく、予防医療へと、消費者のニーズが変わっていくはずだ。しかも、予防医療のほうが財政面でも負担が少ないのだ。

それに加えて、ＩｏＴ、ＶＲ（仮想現実）、ロボットなど、技術進歩の恩恵を大いに受ける分野でもある。そうした技術を活用すると、これまでのヘルスケアという概念が大きく転換する。言い換えれば、これまでできなかったことが、できるようになるのだ。

その新しい技術としては、ＩｏＴの活用による「オーダーメイド医療や介護サービス」が拡大すると想定される。

たとえば、バンド型のウェアラブルＩＴ機器によって、リアルタイムで、個人の健康状態の詳細なデータを得られるようになるだろう。その他の人々の健康データもビッグデータとして蓄積されており、それを分析することによって、予防医療や治療に生かすことができる。

その一方で、個人の健康状態に合わせたオーダーメイド医療も導入されることになる。薬の量なども、その人の体格や体調に合わせて変わる。また、日々の健康状態によっても、薬が多すぎたり少なすぎたりするだろう。リアルタイムデータを集め、かかりつけ医や専門医、かかりつけ薬局などが連携し、より効果的な治療メニューを提案できる。

また、日々の健康データをＡＩが解析してチェックし、かかりつけ医に連絡するなど、円滑な医療システムも構築できる。そのなかでは、セルフメディケーションとかかりつけ医の相互チェックが広まることになるだろう。

ＡＩを活用すれば、介護サービスの利用計画（ケアプラン）を立てるうえでも効率的な作業を行うことができる。そうなれば、個別的な介護サービスが提供でき、サービスの質を高めることができる。

オーダーメイドといえば、健康食品のオーダーメイド化も進むだろう。日々の体調を反映して、正確に健康食品を摂取するのだ。

このときウェアラブルＩＴ機器などにデータを収集して、適当な健康食品の摂取を、ＡＩが薦める。食べすぎや飲みすぎなども反映し、補助的な健康食品を示す。そして朝昼晩の三食についても、メニューを推奨してくれる。

そうなると、健康食品なのか、普通の食事なのか、その境目もなくなる。すると、「おいしさ＋健康」のように、複数の軸から新たな付加価値を生み出す商品やサービスが競争力を持つようになる。これまでの食品製造業、飲食サービス、医薬品産業の境が、次第になくなるといえるだろう。

こうしたことを踏まえると、「やる気にさせてくれるサービス」への需要もあると考えられる。運動についていえば、ＡＩを活用した「ロボインストラクター」や、健康面も合わせてアドバイスしてくれる「ロボかかりつけ医」などが、これからの高齢者の心をつかむかもしれない。

遠隔地医療と医療ツーリズム

先述のように、ＶＲやロボット技術が発達すると、遠隔地医療・介護サービスが発達するだろう。

ＶＲやロボットを活用し、医師のアバターによって医療サービスを提供する。映画の世界の話のように聞こえるものの、近い将来に実用化される可能性が高い。そうなると、医師や介護福祉士などが不足する地方や離島などでも、そうした設備を整えておけば、サービスを提供できるようになる。

また、こうした技術を活用すると、医療サービスにおいて場所という制約が外れることになる。たとえば、ある分野の名医が手術を行う際には、患者がいるところに移動するか、患者がその医師のところに行かなければならなかった。外国で手術を受ければ、その移動費や滞在費なども含め、多額の費用負担が必要だった。

しかし、VRやロボットなどを活用すれば、国内の病院で対応できる。そうなれば、移動費用や滞在費を抑えられる。患者はもちろんのこと、付き添いの人の負担も軽減されるのだ。また、医師自身も移動の時間が節約できるので、より多くの患者を診察できるようになる。このように、双方にとって多大なメリットが生じるのだ。

周辺産業として、医療ツーリズムもある。健康でいたいけれど、楽しくないとやる気が出ないという人も多い。この場合、「健康＋観光」や「医療＋観光」によって、楽しみながら健康になるのだ。

特に訪日観光客は、二〇一六年に前年比二二％増の二四〇〇万人を超えるなど、大きな可能性がある。その一方で、観光消費という点から見ると、実は国内観光客のほうが断然大きい。実際、観光消費二四・八兆円のうち、訪日観光客の消費は三・五兆円と、全体の一四％程度に過ぎない（観光庁「旅行・観光消費動向調査」「訪日外国人消費動向調査」二〇一五年）。つまり、観光消費の九割は、国内旅行者によるものなのだ。

こうした分野では、「健康」「医療」という大義名分があるので、国内からも顧客を集めることができるだろう。そうなれば、サービスの生産性も高まるだろう。

ここまで述べてきたように、現役世代にとって、多様性を持った高齢者は、間違いなく国内外に新たな成長フロンティアを創造してくれるのだ——。

おわりに――高齢化で広がる成長フロンティア

高齢化は、確実に進む。当面、人口も減少し続けることは間違いない。しかし、こうした現状を悲観する必要はまったくない。

国内を見れば、社会システム・デザインは、高齢化に十分対応できていない。それゆえ、高齢者の需要を引き出し切れておらず、潜在需要が多く残されている。それらを掘り起こしていけば、消費だけではなく、設備投資を含めて国内需要はさらに拡大する余地が大きい。

しかも、すでに高齢者はある程度の購買力を持っている。また、これからは新しい技術を活用して働くことによって、収入を得られる機会が広がる。さらに住宅などの固定資産を時間貸ししても副収入が得られるなど、環境は大きく変わっていく。つまり、国内には、深掘りできる成長フロンティアが、まだまだ残されているのだ。

一方、海外を見れば、日本と同じように高齢化や人口減少に直面する国が多い。それらの国では社会保障制度が完備されていないところも多々あり、課題解決を求めている。いち早く高齢化を経験した日本企業は、そのノウハウや知恵を持っているので、それらを生かした商品、サービス、ビジネスモデルを輸出できる。先行者利益を獲得できるチャンスがあるのだ。つまり、海外にも、日本企業の成長フロンティアが広がっている。

また、世界に先駆けて高齢化を経験する日本において、法制度の整備も重要だ。個々の企業の取り組みはもちろん、産業界や中央・地方の政府が協力して、高齢化に適した社会を構築していく。それが高齢化による成長の前提条件になる。

こうした高齢化は、実は、若者を含めた現役世代にとっても成長のチャンスである。高齢者の潜在的な需要を引き出すことは、何も高齢者だけの利益になるわけではない。現役世代も所得や消費が増え、より良い生活を送れるようになるメリットがある。高齢化という課題解決が、新たな商品、サービス、技術などの開発を促し、それが国内外にマーケットを広げていくからだ。

このように需給両面から、また国内外の状況を見ても、高齢者消費をきっかけにして日本企業と日本経済が成長する。社会システム・デザインが、成長へと大きく舵を切られるのだ。

この成長フロンティアに到達できるのか、あるいは蜃気楼《しんきろう》のように近づこうとしても到達できないのか──これまでの歴史を振り返れば到達できるに違いない。

日本企業は、これまで数多く困難を乗り越えて成長してきた。たとえば原油価格が高騰すれば、エネルギー効率を高めて競争力を確保してきた。円高になれば、国内ではコスト削減と生産性の向上に努め、国内外のサプライチェーンを見直し、グローバルバリューチェーンを築いた。またバブル崩壊後、過剰設備が問題になれば、設備投資を抑えて、筋肉質な企業経営への転換を図る一方、研究開発投資を拡充して、国際競争力の源泉を育ててきた。

高齢化という要因についても同じことだ。

もちろん、生みの苦しみはある。しかしそれは、成長できないのではなく、成長の難易度が高まっているだけなのだ。そのため、これまで以上に、一人ひとりが、それぞれの企業が、将来の成長を見据《みす》えた取り組みを問われる。それができたときに初めて、高齢化をきっかけとした成長の果実を手に入れることができるのだ。

二〇一七年五月

鈴木《すずき》将之《まさゆき》

鈴木将之

1980年、千葉県に生まれる。EY総合研究所シニアエコノミスト。 2003年、慶應義塾大学商学部卒業。2005年、慶應義塾大学大学院商学研究科修士課程修了。2008年、慶應義塾大学大学院商学研究科後期博士課程単位取得退学。同年、第一生命経済研究所入所。2014年から現職。専門分野は、マクロ経済・金融・産業構造の分析。

著書に、『2060年の日本産業論』(東洋経済新報社)がある。

講談社+α《プラスアルファ》新書 765-1 C

超高齢社会《ちょうこうれいしゃかい》だから急成長《きゅうせいちょう》する日本経済《にほんけいざい》

2030年にGDP700兆円のニッポン

鈴木将之《すずきまさゆき》

2017年5月18日第1刷発行

発行者―――― 鈴木 哲
発行所―――― 株式会社 講談社
東京都文京区音羽2-12-21 〒112-8001
電話 編集(03)5395-3522
販売(03)5395-4415
業務(03)5395-3615

カバー写真―――― Getty Images
デザイン―――― 鈴木成一デザイン室
カバー印刷―――― 共同印刷株式会社
印刷―――― 慶昌堂印刷株式会社
製本―――― 牧製本印刷株式会社

定価はカバーに表示してあります。

落丁本・乱丁本は購入書店名を明記のうえ、小社業務あてにお送りください。

送料は小社負担にてお取り替えします。

なお、この本の内容についてのお問い合わせは第一事業局企画部「+α新書」あてにお願いいたします。

Printed in Japan
ISBN978-4-06-272991-8